江海一勺

劉正浩 著

東大圖書公司

國家圖書館出版品預行編目資料

左海鉤沈／劉正浩著.－－二版一刷.－－臺北市: 東大, 2015
面;　公分.－－(經典系列)

ISBN 978-957-19-3095-4　(平裝)

1.左傳 2.研究考訂

621.737　　103008703

© 左海鉤沈

著作人　劉正浩
發行人　劉仲文
著作財產權人　東大圖書股份有限公司
發行所　東大圖書股份有限公司
地址　臺北市復興北路386號
電話　(02)25006600
郵撥帳號　0107175-0
門市部　(復北店) 臺北市復興北路386號
(重南店) 臺北市重慶南路一段61號

出版日期　初版一刷　1997年11月
二版一刷　2015年7月
編號　E 090020
行政院新聞局登記證局版臺業字第〇一九七號

ISBN 978-957-19-3095-4 (平裝)

http://www.sanmin.com.tw　三民網路書店

再版序

此書出版未及二十年，在國學式微之今日，竟能再版。深感意外！

《左傳》一書，與孔子《春秋》，猶衣之表裡，密不可分。故周秦、兩漢諸子無不述傳，非唯述其事，亦且申其意。筆者嘗撰《太史公左氏春秋義述》、《周秦諸子述左傳考》、《兩漢諸子述左傳考》；近又著成《春秋左傳通考》，探討《禮記・經解》「屬辭比事，《春秋》教也」之真義；或有助於《左氏》之閱讀，幸乞方家指正。

民國一〇四年六月二十五日　劉正浩序

自序

《左傳》是一片蘊藏豐富的大海，潛游其中、浸淫成癖的學者史不絕書。雖然獲致瓌異，滿載而歸的大有人在；但是仍有無盡的珍寶淹沈海底，有待後學鉤取打撈。

這本小書，選集十篇單篇論文而成，是我多年來《左》海鉤沈的所得。有通論性的，也有專門性的；有白話的，也有文言的。各篇目仍存其舊，內文皆作了些許必要的修訂。為求內容的聯貫，不以發表的順序為先後。

〈《左傳》導讀〉，本為康橋出版事業公司（已歇業）出版《國學導讀叢編》中的一篇。希望以個人長久摸索的心得，對研《左》的朋友在《左傳》的緣起、作者、性質，以及《左傳》解經的模式、《左傳》的價值和研讀方法等景點，作直捷正確的導遊，免於才上路就陷入古今文之爭的迷山霧海之中，虛耗了光陰與精力。其中我對「左丘」一名所作的解釋，後來楊伯峻《春秋左傳注・前言》裏，「有人」作了相同的說法；論左氏解經的模式，徐復觀〈原史〉一文中，也見到近似的陳述；所見略同，令我感到莫名的鼓舞。

〈試揭《春秋》神祕的面紗〉，發表於師範大學文學院院刊《教學與研究》第十一期。《史記・太史公自序》載上大夫壺遂問：「昔孔子何為而作《春秋》？」史公引用董仲舒的議論為答。這番話，王應麟以為「深得《春秋》綱領之正」；黃澤以為「議論甚正大，無一語不好」；本文就董說作深入的闡釋與商榷，以明孔子作《春秋》的動機和目的、用史體作《春秋》的緣故，及《春秋》大義之所在、《春秋》意旨廣博而歸本於正名等等的問題，以補前文偏重《左傳》的不足。

〈孔子「正名」考〉，發表於《孔孟學報》第三十六期。此文專論「正名」的問題：先就前儒對「正名」分歧的舊解，分門別派，作全盤的檢討；次據桓公二年《左傳》，推論「正名」思想源起於周宣王時的晉大夫師服，並不始於孔子；再次將師服、孔子論名的言詞，逐句作對比的研究，糾正許多舊解的錯誤。於是孔子名正言順的理論，《春秋》正名的宗旨，都有了確切不移的解釋。

〈左氏前傳釋義〉，發表於師大國文系《國文學報》第二期。左氏附益於《春秋》經文之前的一小節傳文，世稱「前傳」。解經而附益於經文之前，其重要性不問可知；可惜事關國恥，丘明隱約其辭，司馬遷既歿而大義失傳。本文據《史記・魯世家》述前傳之辭，推尋傳文本意，乃知鄭、賈、征南說經之非，並了然於《春秋》始隱之故。

〈孔聖無二憂〉，七十四年四月二十八日在師大文史教師學術研討會中提出，會後意外被推薦連載於八月二十六、二十八日《青年日報》副刊，旋又編入國教會叢書《憂患意識的體認》。本文主旨在於說明：孔子基於當時社會名實紊亂、將陷於國破家亡的憂患意識而作《春秋》，終身以世人不能堅守名分為己憂。並比附《大易》易簡、變易、不易之三義，舉例說明《春秋》一經所表白的，正是王道人事簡易、變易、不易的大道，君臣父子應守的常分。此文所論，可補上列諸篇考述《春秋》之不足，使《春秋》的本質和大義更加昭著。

〈「齊桓公正而不譎」考〉，原刊於八十三年《紀念程旨雲先生百年誕辰學術研討會論文集》。桓公正而不譎的事實，自馬融以《左傳・僖公四年》侵蔡伐楚事當之，迄無異說；但細讀僖三、四年傳，桓公實為掩飾侵蔡的醜行而伐楚，絕不可謂之「正而不譎」。幾經探索考證，發現《左傳・僖公九年》載齊桓葵丘之會下拜受胙一事，足以取代，解決了這宗千古疑案。

〈「民可使由之」章經義復始〉，刊載於《國文學報》第二十四期。《論語・泰伯》「民可使由之不可使知之」一章，漢魏以來，學者非唯在注釋上不得共識，句讀上也有四種歧異。本文先將歷代注釋，分漢魏學派、宋學派、近代學派，廣為蒐羅，慎加研究，知其十九不合經義。及讀《左傳》，昭公六年，鄭鑄刑書，叔向與子產書，力陳人民熟習法律的弊害，強烈反對；二十九年，晉鑄刑鼎，孔子持完全相同的理由，嚴辭批評。乃悟〈泰伯〉此章，當為時人「法律應否公布」的問題而發，句中兩個「之」字，都指法律而言。法律政令皆緣禮義而生（參見上文〈孔子「正名」考〉），當政者重法律而輕禮義，是衰世捨本逐末的病象，所以古聖先賢一致反對。這是很值得我們省思的。

〈《左傳》中一則「推理小說」的研究〉，八十三年六月二十八日在香港大學中文系暨美國史丹福大學中華語言文化研究中心主辦第一屆《左傳》國際學術研討會中宣讀，後刊於《國文學報》第二十五期。《左傳・閔公二年》記「晉侯使大子申生伐東山皋落氏」一事，白文五五八字，內容曲折，具有近世西洋推理小說的風趣；而文筆雄奇變幻，不能以常格分析，極難理解；故本文首引原文，次述背景；然後將原文分段語譯以為脈絡，各別解讀析賞，另加「尾聲」、「注釋」以補不足。希望經過處理，此一奇文能為大眾所欣賞，共仰左氏超時代的文華；並試圖以此創新的體例，鎔義理、考據、詞章於一爐，作為賞析其他傳文的模式。

〈從《趙氏孤兒》揣太史公的悲情〉，原載《國文學報》第二十六期。《趙氏孤兒》是元人紀君祥本《史記・趙世家》改寫的雜劇，但〈趙世家〉所述，與《左傳》、《國語》所載多有未合。學者於此，或斥其述事妄誕而違實，或疑其雜采軼聞而失考，惜皆語焉不詳，難成定論；是以重加推考，撰為此篇：首述趙孤本事，以明其情節悲壯曲折，及給予廣博觀眾之印象。次錄〈趙世家〉原文，分事實、人物兩方面與《左傳》比對，就諸多顯而易見之差異，確知故事出於虛構。再次由史公慘遭李陵之禍，想見其切齒腐心的悲情，從而揣獲其杜撰故事、且不掩疑竇的本意；並點出他撰述伯夷、伍子胥、屈原、刺客、循吏、酷吏、游俠、佞幸、滑稽等〈列傳〉的心理背景，供學者日後作深入研究之用。

〈氏族制度考源〉，原載《國文學報》第十一期。上古王者審查群臣的德業，以賜姓命氏、封建諸侯的方式，表彰其功德。至於周代，配合當代宗法制度，諸侯亦得賜族予大夫。於是枝布葉分，一姓析為數氏，一氏歧為數族，凡分三級的氏族制度，於焉建立。這種制度，隱公八年《左傳》有魯大夫眾仲述其梗概；然秦廢封建宗法之制，後儒莫知其詳，曲解流傳至今，諸如死後賜族、以國為氏、以王父字為族等，不一而足。本文則遍考經傳，據當世實況，一一諟正，以為孝子賢孫尋源討本之助。

研習和講授《左傳》，垂四十載，不覺已屆古稀之年，謹以零星鉤沈所得，獻曝於大方之家，敬請指教。並奉獻給

慈父劉剛中守光先生、慈母張淑涵女士在天之靈，感謝生鞠的宏恩。

最後，錄出二十九年十二月刊載於重慶《東北論壇》兩篇悼念先父的文章，以誌無盡的哀思。

憶剛中先生

萬　異

在八年前的十月裏，在北平清華園的一個晚間，經友人侯封祥的介紹，我認識了這位關外革命先進。

「這是劉先生，劉剛中先生。」封祥這樣介紹著，轉過來又把我介紹給他。

緊接著就是和藹的笑和熱烈的握手。

我問過他逃難的經過，便談到他的來意。

來意很簡單。聽封祥說我是一個很有為的青年，所以特地要來認識一下，願意作一個朋友。

從封祥口中，我所知道的事實是這樣的。剛中是一個苦鬥的青年，小時念書非常不容易，後來在吉林辦了多年的學，年紀雖然不老，在吉林卻算一個老黨員。在東北潛身革命，倍嘗艱苦。九一八後逃到北平來，因為同封祥是老認識老同志，所以同他講起組織在平的東北青年，當時封祥便提到住清華園的我，還有崔垂言先生，說我們是東北青年中的優秀分子，應與交識。

關於垂言對剛中的追憶留待他自己去說。我且說說我同他的關係。

在九一八以前我是這樣一個學政治而厭惡政黨，對於任何黨派與黨的活動都無理由地痛恨。九一八以後，誤於人云亦云，對國民黨誤會更深，以為東北的喪失，國民黨要負責任。我這種態度剛中自然不清楚，但封祥是很清楚的。記得在他介紹我同剛中會見前，曾同我說「你對國民黨既有不滿，那麼中國總得要救呀，你看除了國民黨，我們還有什麼路好走，我是極願聽取你的意見的」。我說「須把好人團結起來，團結好人才能有辦法」。

「那麼，我們用什麼方法把好人找到一起來團結呢？」

「先用友誼方式。」

封祥從我這句話裏知道可以用友誼方式拉住我，所以便開始把可作朋友的人念給我聽。從他的口中我才一一聽到現在東北在關內的許多先進同志，剛中便是其一，而認識最早。認識之後，便談到朋友集會的方式和地點，大家便決定每星期日到北平雪池一號剛中家裏，討論學術研究和出版一個刊物的問題，因此我在他家又認識了許多從前不認識的人。

這便是一度存在的北強學社和《北強月刊》的由來。

藉著這個機構，他交了四五百青年，這些朋友後來都變成他的同志，惟有我是個例外。原因是如此的。在北強學社成立後的冬天，我便到南京應高等考試，考取之後即分發外交部以「薦任官學習」了。此後同剛中只有書信往來。

這時的外交部長正是現在的漢奸汪兆銘兼署。我坐在外交部裏一天到晚無好氣。一方面見到他們不辦正事，一方面是因他們對考試及格人員的無謂輕視。我大喊著說汪精衛若不離開政府，政府一定塌臺。當時有些同事說我言論激烈，疑心我是反動分子，後來我要報名考留學，求他們打保他們都不敢。有一次我同林苹庭先生逛棲霞山，正遇汪氏全家在山坳高唱，我便罵他太多閑心，苹庭便阻止我，怕給他聽見不好。

我很不邏輯地把反汪意見擴大成反對國民黨的意見，以為汪究竟是國民黨員，那時董宣猷先生便說我認識不清，並告訴我政府容汪的苦衷。我聽了雖不能辯駁，卻暗自不服。

那知就在這時候，剛中接二連三來信，一半給宣猷，一半給我，要宣猷勸我入黨，要我自動入黨。宣猷事前已勸我幾次，因我自覺不錯，所以未為他話所動。對於剛中呢，我則一概不理，雖然有信必答，但卻隻字不提及入黨事。在我出國前半年正是百無聊賴的時候又接到他勸我入黨的信，我一肚子酸氣無處發洩，便覆信把他痛罵一頓，他卻一聲不響，過了些時又來信勸我；有一次罵得太厲害了，他寫信說：「算我不識好歹，無故請君入甕，以後決不再提此事。」不到一個月他給宣猷信說「亦吾（這是我的號）仍宜勸其入黨為是。」宣猷把信給我看，並有系統地向我解釋救國理論和途徑。最使我感動的是他們的不厭不怒不急的誠懇態度，在出國前兩月我填了入黨的志願書。

我叨引這段事實，意在證明剛中對於黨是怎樣在絞心吃苦。九一八以後，他曾千方百計來吸收、來團結在關內的遊移的東北青年，他曾千方百計把關外青年誘進關來，介紹他們、鼓勵他們進軍校和政校。他資助他們，保護他們，凡是他認為好的青年，不管別人作何看法，不管自己蒙什麼誤會，都要把他拉上來，扶植起來。他這番苦心並未為全體同志所共諒，但他堅持著他真正為了黨、純粹為了黨的信心。像我們這一般青年，經他一手拉來入黨，到今天還敢自承是一個好國民、好黨員的，均能知道他對國家對黨所作的功績。假如我們敢擔保一生能作一個好國民好黨員，更能知道他對國對黨所作的功績。

他不曾一天離開青年，在北平，在南京，在漢口，在蘭州，都是我親眼見到的，繞著他轉的盡是富有熱情的青年，他的心血，他的俸給完全消耗在這些青年身上。

我最後見他是今年六月在蘭州。他到西北來考察，三個月未曾得一日休閑。西北的山川配著汽車輪車騾車和滑桿，風塵配合著顛簸，他不辭勞苦，走遍了陝西的河北和甘肅的河西。大家勸他休息一下，並且勸他不要到河西，他不但不休息而且果真又跑一趟河西。他說「只有三個月，要趕快做點成績出來」。

「成績，成績，他已忘掉了他的生命！」

有一次晚間我到蘭州招待所瞧他，他自歎年事已長，暗含事業尚無根基。我們由此可知他已經為成績和事業心鎖住，偏偏忘了他也不過是一個肉體的人呀。

他從蘭州到天水，走到平涼時，看見路旁的左公柳，在車上便寫了一首詩寄給我，那詩是：

左公行軍馬到處，　官路之旁盡植樹。
左公歿後未百年，　楊柳蔭蔭夾道路。
萬樹楊柳萬左公，　左公左公呼不住。
今人但知逐輕肥，　寧識前賢立命處！

由這首詩我們又可見出他被事業心纏繞得是何等厲害，他硬想把他生命化為事業，現在竟賚志以歿，這是我們不能承認上天是善意而有公道的。

好了，現在他總算把他的心血同生命交給他的國家了，他在地下可以長眠了。他的骨肉得之於地球母親的，不久就要還給地球母親，讓她收去再造善良的人類吧。他的靈魂和精神將同宇宙最真、最寶貴的部分共存而遍在。

完了，這樣一個好朋友、好同志竟這樣死掉了。把他介紹給我的侯封祥君也全家失蹤一年了。他們的失蹤給剛中心理上以極大的刺激，他這一年來越顯悒鬱不樂，這不能不影響了他的健康。然而封祥全家失蹤我是負有無上責任的，因他們應我之召才北上，方到武漢，武漢又撤守了。想起這一切，我真不知怎樣來安排我自己的生命。我知道了，他們也告訴我，把我的心血同生命，也如他們一樣地獻給國家，一樣的純潔，一樣的高貴。

× × ×

他懷想著：

終有一天，
我們同回東北；
他坐在松花江南岸的扶餘，
我坐在松花江北岸的肇州，
共話十年奮鬥的往事；
一個美麗的思想，
而今毀滅了。

關於剛中先生的一封信

張凡林

煥章先生：

你的信已經收到了。

「病故」這兩個字很平常，然而對於剛中先生，就是國家民族的損失，東北青年的不幸，也是我自己的病痛了！

劉先生是一個堅韌而有信念的戰士，他一生的戰鬥的事蹟，東北人不知道的很少；正如　先生所說：「領導東北青年者，又弱一個，殊為可惜！」可是我未見到報章和雜誌上有哀悼他的文字，這一點是我們非常對不起他的。也許是遠在邊陲，未有機緣拜讀這些文字吧！

九一八造成了我們的流亡，也使我有機會親近劉先生。他愛護每一個東北青年，像慈祥的母親。我由吉林敦化，跑到北平，剛一下火車，衣袋裏僅有三元一角大洋，生活幾天就弄得一籌莫展，也是另外的東北青年，讓我到景山西街去找劉先生，我們談話的結果，是他冷靜的看了我一眼，點點頭，寫下了我的前途。那就是他叫人給我找公寓，拿飯錢，又給我學費考學校。

我還深刻的記著：塘沽協定的那一年，他的肺病很重，在西山療養，自己的生活就非常困難，一家人到朋友地方借錢，兒子和姑娘還要念書，可是他還在堅強的工作著，蘊藏著奮鬥的精力。

就在他養病的時候，學校裏限制我五日內繳費，我整整三個晝夜沒有睡眠，盤算籌備一筆鉅大的二十五元費用，而偏偏我所認識的朋友就幾乎全是靠朋友親戚過生活，我奔走了一天，從東城跑到西城，僅借到十元錢。第四天去找劉先生，我曾經在他的門前彷徨兩三點鐘，興盛胡同左右成了我「散步」（沒有相當的字句來形容我那時候的心情）的場所。最後，下了很大的決心才跑進他的住室。我把找他的原因說了一遍，他笑了，那冷靜的笑，使我心中騰跳了許久，口吻沉重的告訴我：

「你用心的念書吧！我給寫一封信，你到侯先生（那是侯封祥先生）那裏去取錢，我現在也沒錢了！」

我接到他的信，我的眼睛感動得落淚了。

去年春天，我到漢口法租界如壽里去看他，在樓梯轉角處碰到他，我問：「您到那兒去？」他很驚愕的看了我一眼：「誰？文友嗎？你現在長成大人了，面貌也不像了，若在街上我一定不敢認識。」他一邊笑著說，一邊緊緊地握著我的手，一直握到室裏。他親熱的態度是我有生以來所罕見的。我在漢口住了兩個多月，見過許多次，臨別的前一夜，我們一同到「天聲」看徐碧雲、安舒元的「蘆花蕩」，又到「世界影院」看「臺兒莊大捷」的影片，出了電影院，他送我到大智飯店門前，握著我的手說：

「你以後走到什麼地方都給我寫信，把你的生活情形告訴我！」我點點頭，我眼胞裏含著感激的淚珠——誰知道這能成為我和他最後的握別呢！

我在寧夏及安邊、定邊接到朋友的信，說他已經不在東北黨務辦事處工作，又編刊物了，讓我給他寫稿。我因為工作太忙迫，沒有安定的處所，沒有能夠寫成一篇東西，不想到榆林給他寫一封信，成為我最後給他的信，而他還未等到我的信到重慶，他就溘然長逝了。

關於　先生，我雖然未曾當面聆教，但我也很知道，尤其是　先生和劉先生的關係。劉先生病故後，我在榆林把信發出未及兩旬，我從旁面知道劉先生已經和我們永別了！那是石子壽先生及趙雨時先生給別的朋友信中說的，我不知道劉先生住在什麼地方，過去往小井巷七號寫信，現在已不成了，所以我希望　先生給我一封回信：劉先生的「善後」怎樣處置的呢？他的家屬還在重慶嗎？他的夫人以及子女都很好嗎？並且希望　先生為我致意。把他們的通信處賜知。

稿，我可以源源的寫，已經寫成的還有不少；能披暴的我現在正整理，寄稿以後，希望　先生特別指導，因為我寫的還在幼年，不成東西，一篇作品是一個人工作的總匯，是寶貴經驗的交織物。

這信如果能在什麼地方和世人見面，也可以算做劉先生愛護青年的響聲了！此祝

安好！

張凡林敬啟十二月三十日榆林

八十六年八月二十三日　劉正浩　序於臺北至善新村

左海鉤沈

目次

《左傳》導讀

一、《左傳》的緣起

《左傳》是《春秋左氏傳》的省稱，而《春秋左氏傳》與《春秋公羊傳》、《春秋穀梁傳》合稱「《春秋》三傳」，它的原始名稱叫做《左氏春秋》，所以漢人時常省稱《左氏》。

《史記・十二諸侯年表序》載：「孔子明王道，干七十餘君，莫能用；故西觀周室，論史記、舊聞，興於魯，而次《春秋》。上記隱，下至哀之獲麟。約其辭文，去其煩重，以制義法。王道備，人事浹。七十子之徒，口受其傳指；為有所刺譏褒諱挹損之文辭，不可以書見也。魯君子左丘明，懼弟子人人異端，各安其意，失其真；故因孔子、史記，具論其語，成《左氏春秋》。」是最早提到《左傳》緣起的文獻。這段文字，詞句簡約，義蘊豐富，我們可以分成兩節來讀。

「王道備，人事浹」以上，講孔子作《春秋》的緣起，是說：

孔子在明達王道以後，求見過很多國君（七十是誇大的虛數），沒有人能任用；所以從魯國到西方的王城洛邑（今河南省洛陽縣西北）去遊歷，閱讀了許多王室收藏的史料（「史記」是史書的通稱），和得自舊家世臣的傳聞，回國後便以魯史為基礎，以魯國為中心，慎加論述，作成了《春秋》經。上從魯隱公元年（周平王四十九年，西元前七二二年）記起，下至魯哀公十四年（周敬王三十九年，西元前四八一年）獲麟的那一件事為止。精簡了史記之文、舊聞之辭，刪除了煩瑣、重複的資料，制定一種「因興以立功，就敗以成罰，假日月以定曆數，藉朝聘以正禮樂」（《漢書・藝文志》語），義在言外的義法。於是《春秋》之中，無論是王者平治天下的大道，還是人情事理的法度，莫不齊備。

太史公把孔子作《春秋》的動機，所用資料的來源，撰寫《春秋》的原則和方法，以及《春秋》的起迄與內容的博大精深，用寥寥五十七字和盤托出，真是無與倫比的大手筆。

「七十子之徒」以下，講左丘明作《左氏春秋》的緣起，是說：

《春秋》只是一冊以魯國現代史大綱（孔子卒於魯哀公十六年）的形式，藉歷史人物以道名分的經典，其細節和寓意，孔子用口授的方式，傳給他的學生；因為所品評的都是些有威權勢力的人，那些有褒貶譏刺意味的話，和必須加以隱諱的事，都不可以明寫出來。魯國的君子左丘明，唯恐孔門弟子記取不全，將來抱殘守缺，各走異端，人人固執己見，而失去事理的本真，所以拿孔子的《春秋》大義為綱領，列國的史記為資材，具論其語，作成了《左氏春秋》。

對這一節敘述，我們暫且先注意兩件事：一是聖人基於義不訕上，智不危身的道理，而以「微言」（隱微之言）寄託「大義」（褒貶之義），著為《春秋》的苦心；一是丘明欲以舊史之詳，補《春秋》之約的孤詣。至於左丘明是怎樣一個人，《左傳》和《春秋》的關係是否如史公所說的那麼密切，以及《左氏春秋》何以即是《左傳》等問題，留待下面討論。

二、《左傳》的作者

自《史記》言「魯君子左丘明」作《左傳》，西漢末年的劉向、劉歆，東漢時代的桓譚、班固等從之，並且以為丘明受經於孔子；魏、晉以來，更無異議。但是到了唐朝，趙匡開始懷疑左氏與孔子同時的說法；宋鄧名世的《古今姓氏書辨證》，又收錄一個「左邱（同『丘』）」怪姓，以為《論語》裏的左邱明姓左，作《左傳》的左邱明姓左邱。鄭樵的《六經奧論》，以為左氏之書，序晉、楚事最詳，推斷他是楚國人；但班固在《漢書・藝文志》上卻明言丘明為魯國的太史。於是左丘明的時代、姓氏、國籍、身分，都成了擾人的問題。

㈠左丘明的時代

由於孔子說過「巧言、令色、足恭，左丘明恥之，丘亦恥之。匿怨而友其人，左丘明恥之，丘亦恥之」（見《論語・公冶長》篇）的話，所以劉歆認為作傳的左丘明「好惡與聖人同，親見夫子」。趙匡卻持不同的看法，他說：「邱明者，蓋孔子以前賢人，《論語》云左邱明恥之，某（古人避孔子諱，讀「丘」為「某」）亦恥之，如史佚、遲任之流，見稱於當時耳。焚書之後，莫得詳知，學者各信胸臆，見傳及《國語》俱題左氏，遂引邱明為其人。此事既無明文，唯司馬遷云邱明喪明，厥有《國語》；劉歆以為《春秋左氏傳》是邱明所為。且遷好奇多謬，故其書多為淮南所駮；劉歆以私意所好，編之《七略》，班固因而不革，後世遂以為真，所謂傳虛襲誤，往而不返者也。」（陸淳《春秋啖趙集傳纂例・卷一・趙氏損益義第五》引）《論語》左丘明非作傳左丘明之說既出，於是宋儒王安石的《左氏解》、葉夢得的《春秋考》、鄭樵的《六經奧論》，群起響應，但他們都以為作傳的左氏是戰國人，在孔子以後，非孔子之前。

從「左丘明恥之，丘亦恥之」的語氣上看，很容易使人想到丘明是「孔子以前賢人」；縱使二人同世，丘明也應該長於孔子，或至少和孔子相近。可是《春秋》經、傳，雖同始於隱公元年，但《公羊》、《穀梁》二經、傳至哀公十四年（西元前四八一年）春「西狩獲麟」而絕筆；《春秋》古經（左氏之經）則終於哀公十六年（西元前四七九年）夏「孔丘卒」，《左氏傳》則終於哀公二十七年（西元前四六八年）「公欲以越伐魯而去三桓」事，更附載魯悼公四年荀瑤率師圍鄭，及趙襄子甚知伯等事。襄子是無恤的謚號，卒於周威烈王元年（西元前四二五年），後孔子五十四年。如果丘明與孔子同時，他就不大可能比享年七十又三的孔子多活五十多歲。何況《左傳》記事，猶有後於此者：如莊公二十二年載周史筮知陳敬仲的子孫將代陳而有國；襄公二十九年載季札觀樂，知鄭將先亡。後來周安王十六年（西元前三八六年）陳敬仲的後裔田和立為齊侯，果代陳而有國；周烈王元年（西元前三七五年）韓哀侯入鄭，鄭國果先列國亡；這已是孔子身後百年左右的事情，絕非「親見夫子」的左丘明所能預知的。這些事似乎都在支持左氏是戰國人的說法。

然而《春秋左氏傳》是一部十九萬六千八百餘字的鉅著，上舉寥寥數事，直其九牛一毛而已。據此少許可疑的記載，斷然把史公的原始記述推翻，顯然不能服人之心。所以元末的黃澤就認為「左氏是史官，又當是世史。其末年傳文，亦當是子孫所續，故通謂之左氏傳」（趙汸《春秋師說》引）。清儒姚鼐也認為左氏之書，非出一人所成，吳起之徒屢有附益（見《姚姬傳全集・左傳補注序》）。《四庫全書總目提要》說：「經止獲麟，而弟子續至孔子卒；傳載智伯之亡，殆亦後人所續；《史記・司馬相如傳》中有揚雄之語，不能執是一事指司馬遷為後漢人也。」各家於續傳之人雖不一其說，卻咸定作傳之左丘明即《論語》之左丘明。我們考察先秦典籍，知道鮮有未經後人附益的原本，就不會奇怪《左傳》也曾被人增竄；了解漢代傳經，有師法、家法的嚴格軌範，自然會理解史公所言必定有所承受，絕非「傳虛襲誤」之比。所以，在這新說愈多，是非靡定的情況下，我們作一折衷的了斷，說《左傳》成於親見孔子的左丘明，其中顯非丘明所能言者，均係後人所加，應該是很允當的。

(二)左丘明的姓名

《左傳》原名《左氏春秋》，既稱「左氏」，那麼丘明氏左，應是無可置疑的事。但是有些學者既認為左氏非《論語》之左丘明，就想把他說成另外一個人，不讓他以左為氏了。

最初，有人要教左丘明姓「左丘」。因為他們見太史公既言左丘明作《左氏春秋》，又在〈報任少卿書〉和《史記・太史公自序》中說「左丘失明，厥有《國語》」。班彪〈史記論〉說：「定、哀之間，魯君子左丘明論集其文，作《左氏傳》三十篇；又撰異同，號曰《國語》，二十一篇。」（見《後漢書》本傳）《漢書・司馬遷傳》贊本之，說：「孔子因魯史記而作《春秋》，而左丘明論輯其本事以為之傳，又纂異同為《國語》。」以為歷代相傳，《左傳》、《國語》皆出左丘明，如果作者姓左氏，名丘明，按習俗講，就不該叫他「左丘」；反過來說，既然稱之為「左丘」，那麼「左丘」當是「公羊」、「穀梁」之類的複姓，其人名「明」，而非「丘明」。遂定《論語》中的左丘明姓左，作傳的左丘明姓左丘，把「左丘明」判為二人。至宋時，鄧名世根據此說，正式把「左丘」一姓，錄入他的《古今姓氏書辨證》之中。

其實，此說之虛妄，是很容易拆穿的。因為遍查古今圖書，我們再也找不出第二個姓「左丘」

的人。左丘明無父無祖，已經夠淒涼了；又復斷子絕孫，豈不慘絕人寰！史公說「左丘失明」，大概他預知後人胡說八道，才哭瞎了雙眼吧？不料一直拖到清朝，才見俞正燮在他的《癸巳類稿·卷七》中提出質疑，斥「左丘」為「怪姓」；但是他仍不肯讓左丘明歸宗，多方考證的結果，提出一個「左」其官（左史），「丘」其姓，「明」其名的結論。他說：「邱明傳《春秋》，而曰『左氏傳』者，以為左史官言之，如史遷書今名『史記』也。」這意見，近世篤守舊說的劉師培先生也採納了，只是略為增飾，以為孔門弟子諱言「丘」，故不叫「丘傳」，改稱「左傳」而已。

關於這個問題，我們無須一一指摘前儒的瑕疵——例如《左傳》、《史記》並為後起之稱（《史記》本名《太史公書》），但《左傳》義取「左氏之傳」，《史記》卻襲用古史之通稱，義取「太史之記」，非「史氏之記」——因為他們說不能稱「左丘明」為「左丘」，在根本上就出了差錯。

古人多以單字為名，而把用兩個字組成的名字叫做「二名」。顧炎武說：古人二名，往往只稱一字。如晉文公名重耳，可連氏稱「晉重耳」；但定四年《左傳》載祝佗述踐土之盟，其載書（盟約）只稱「晉重」；昭元年《春秋》載「莒展輿出奔吳」，《左傳》只稱「莒展」。再如〈晉語〉載曹僖負羈稱叔（字）振鐸（名）為「先君叔振」；並省其下字（見《日知錄·卷二十四》）。此例《史記》中也屢見不鮮，如曹叔振鐸，〈管蔡世家〉贊只稱叔鐸；夏徵舒，〈陳杞世家〉或單稱舒；並省其上字。又如魯隱公名「息姑」，見〈十二諸侯年表〉，〈魯世家〉則一概稱「息」。魯閔公名「啟方」，見《世本》、《漢書·律曆志》、杜預〈世族譜〉；〈魯世家〉避漢景帝諱，易「啟」為

「開」，但只稱「開」，而略其「方」字。由此看來，「左丘」即「左丘明」的省略，應無疑問。這種省稱的方式，後世不用了，古代是很通行的。

那麼太史公為何不稱「左丘明」，而一定要省呢？既然要省，為何不稱「丘明」，卻稱「左丘」呢？我們先錄出〈太史公自序〉有關的上下文再說：

昔西伯拘羑里，演《周易》；孔子戹陳、蔡，作《春秋》；屈原放逐，著〈離騷〉；左丘失明，厥有《國語》；孫子臏腳，而論兵法；不韋遷蜀，世傳《呂覽》；韓非囚秦，〈說難〉、〈孤憤〉；《詩》三百篇，大抵賢聖發憤之所為作也。

這段文章，自「左丘失明」起，一連八句，都是四字句，一旦寫「左丘明失明」，就破壞了句法的整齊；因此這句子一定得省。但若省作「丘明失明」，在四個字的短句中，重複用兩個「明」字，又犯了修辭的大忌；於是不得不省作「左丘失明」。明白此理，就知道作傳的左丘明定姓左氏，不氏左丘，也不氏丘；同時「左」也不是官名。至於「丘明」，熊十力據孔子「左丘明恥之，丘亦恥之」的話，以為是他的字，不是名，可從。因為自謂用名，稱人用字，是古今通行的社交常禮，孔子絕不至忽忘的。古人對二字組成的名可以只稱一字，對二字組成的字應該也是可以的。

附帶一提，屈原的時代，在孫臏之後，不韋之前；太史公把他序在西伯、孔子之下，可能是推崇他的心志明潔，可與日月爭光，尊他為聖賢，故不與諸子等列。至於降左丘於孫子之前，可能基於「失明」和「臏腳」同為身體上的殘傷，屬辭聯類的緣故。有人忽略了文章修辭的法則，認為史公序列這些人物，都以時代為次，遂斷定丘明為戰國人。果然如此，史公以《詩》三百篇斷後，難道三百篇是戰國以後的作品嗎？

(三)左丘明的國籍和身分

宋儒鄭樵以《左傳》序晉、楚事最詳，謂丘明為楚人。朱子也認為左氏為楚左史倚相之後。明儒郝敬，則謂《左傳》出於三晉辭人之手。近人衛聚賢先生本《韓非子・外儲說・右上》「吳起，衛左氏中人也」的記述，以為《左氏春秋》為衛人子夏在魏西河時作，傳給左氏人吳起，吳起世傳此傳，世人歸功於他，故有「左氏」之名。錢穆先生則直接認定《左氏春秋》即吳起所作。又有瑞典漢學家高本漢，著《論左傳的真偽及其性質》，從文法上推考，認為《左傳》不是魯國人作的。這些學者的主張，都針對《史記》魯君子左丘明作《左氏春秋》的記載而發。他們都避過一個事實，即《左傳》上經常稱魯國為「我」，「我」就是「我國」的意思。如前傳（《左傳》的第一段）云「故仲子歸于我」，隱十年傳「庚午，鄭師入郜；辛未，歸于我。庚辰，鄭師入防；辛巳，歸于我」，桓十年傳「我有辭也」，莊九年傳「我師敗績」，十年傳「齊師伐我」等是。同時外人至魯，傳只說「來」，如隱四年傳「秋，諸侯復伐鄭，宋公使來乞師」，六年傳「冬，京師來告讖」。這都是《左傳》乃魯人所作的鐵證，證明太史公所言不虛。我們必須注意，太史公的祖先自周宣王之世（西元前八二七至七八二年）起，世典周史。史公既承其祖業，博識舊聞，又生於去古未遠的漢朝初年，長在遺文古事畢集的太史公府，如果他的記述尚不可信，後人的猜測又如何可從？

太史公稱丘明為「君子」，大概據《論語》說的，他沒有明言左氏的身分，也許當時學者都知道，用不著說，不如稱他「君子」，使讀者聯想到孔子的讚詞而心生景仰；也許基於「多聞闕疑，慎言其餘」的明訓，不願隨便論定，貽誤後學。究竟如何，如今無法斷定了。

但是《漢書・藝文志》「《左氏傳》三十卷」下，班固自注：「左丘明，魯太史。」杜預〈春秋序〉：「左丘明受經於仲尼。」先後為丘明加上魯太史和仲尼弟子雙重身分。

說左氏為魯太史，到底是本於傳聞，還是出於猜測，雖然無從考證；但縱使是推測出來的，也推得很近情理。元儒黃澤說：「左氏是史官曾及孔子之門者。古人是竹書，簡帙重大，其成此傳，是閱多少文字？非史官不能得如此之詳；非及孔氏之門，則信聖人不能如此之篤。」（趙汸《春秋師說》引）他以竹書簡帙重大證左氏為史官，可謂獨具隻眼。古代簡長或二尺四寸，或一尺二寸，或八寸。每簡只寫一行（偶有寫二行者），每行字數見於記載的，少則八字，多則四十字。劉歆校中秘書，見古文《尚書》，每簡二十二字或二十五字。東漢服虔《左傳・襄公二十五年・注》，謂古本《左傳》「古文篆書，一簡八字」，可能用的是八寸短簡。春秋時各國皆有國史，孟子所謂「晉之《乘》，楚之《檮杌》，魯之《春秋》」，是最著名的三種。蘇軾《春秋列國圖說》，統計春秋列國見於經傳者總共一百二十四國，蠻夷戎狄不在其間；和孔子作《春秋》，命子夏等十四人求周史記，得百二十國寶書（見《公羊傳．疏》引閔因敘）的傳說相合。列國的史記，是丘明作傳的憑藉，此固不必全部有用，但若取其半數，總字數亦將數十倍於《左傳》；倘每簡以二十五字計，則簡帙之重大，不難推算。這樣重大的簡帙，私人實無力收藏；何況史記收在秘府，為天子諸侯所珍寶，怎能任其流落民間？所以《孔子家語》說丘明和孔子觀書於周史（此《嚴氏春秋》所引的真家語，非王肅所偽造）是可信的；說孔子「得」寶書就傳聞失實了。

至於左丘明「因孔子、史記，作《左氏春秋》」，說他「受經於孔子」，也是可信的，但因此說他是孔門弟子，則又未必；因〈十二諸侯年表〉既說他「懼弟子人人異端」，那麼他本人必不在弟子之列。《史記．仲尼弟子列傳》不言左丘明，也表明他不是孔子的學生。據孔子對丘明的讚美，以及《左傳》述孔子言經常冠以「仲尼曰」字樣，不像《論語》尊稱「子曰」；可以斷定左氏和孔子的情誼，應在師友之間。

三、《左傳》的性質

太史公既說左丘明為了怕孔門弟子各走異端，才「因孔子、史記」，成《左氏春秋》。當然認為左氏的書，具有闡釋經旨，傳示來世的性質，是一部為《春秋》而作的「傳」（劉知幾《史通・六家》篇說：「傳者，轉也。轉受經旨，以授後人。或曰：傳者，傳也。所以傳示來世。案孔安國注《尚書》，亦謂之傳，斯則傳者，亦訓釋之義乎？」）。但是左氏不把這部書稱為春秋傳，卻叫作《左氏春秋》，不外下列兩個原因：

1.《春秋》所記的某些事件，左氏找不到原始資料作參考——至少孔子所得的一部分「舊聞」業已失傳——沒有辦法講論其大義。所以《春秋》所有的，《左氏春秋》中往往沒有。

2.左丘明既蒐集了許多寶貴的史料，其中有些站在經學家講正名分的立場可以不收，但站在史學家備述一代史事的立場卻不可不錄。所以《左氏春秋》雖然以「以事翼經」為主，又往往溢出經文之外，敘述一些《春秋》所無的事情。

因此我們可以說左氏的書，本是一部祖述孔子，熔經學於史學的開創之作，其旨趣和一以闡述經義的《公》、《穀》二傳不同。中國正史，自「正《易傳》，繼《春秋》，本《詩》、《書》、《禮》、《樂》之際」，純以儒家思想為依歸的《太史公書》以下，一直沒有脫離過這個軌範。「春秋」和「史記」一樣，本來是史書的通稱。這部別開生面的「春秋」是左氏所作，所以題名《左氏春秋》。這名稱既表現出左丘明不敢自附於聖經的謙卑的一面；也透露他志在自成一家之言的自負的一面。

《史記》「因孔子、史記，具論其語，成《左氏春秋》」一語，說得異常精深。「孔子」非謂其人，而謂其意旨，指《春秋》大義而言。「史記」則指孔子作《春秋》所據的史冊原本。這句話是說《左氏春秋》一書，是以《春秋》大義為經，以史記為緯，撰述而成。左氏所用的資料，和孔子用的大致相同，如有出入，應該是孔子尋訪的「舊聞」，丘明不一定全知；左氏參考的「史記」，孔子不一定盡讀。孔子筆削所得的史記、舊聞作成《春秋》，丘明便彙集孔子所筆削及所獲的史記撰為《左氏春秋》。左氏的原則，是有經就傳經，無經則敘史，把既得的史料充分利用，竭力保全，所以說他「具論其語」。因為左氏取材，孔子大都看過；所以其書雖然晚成，內裏許多文辭孔子日常早已在引用。如孔子的正名說，就是師服命名之論的化身（後詳）；「出門如見大賓」之語（見《論語・顏淵》），出於臼季薦郤缺（僖三十三年傳：「臣聞之：出門如賓，承事如祭，仁之則也。」）；「秀而不實」之喻（見《論語・子罕》），本於甯嬴評處父（文五年傳：「且華而不實，怨之所聚也。」）；「不學禮無以立」之訓（見《論語》〈季氏〉、〈堯曰〉），始於僖子告其家臣（昭七年傳：「禮，人之幹也。無禮，無以立。」）；昭十二年傳載：「仲尼曰：『古也有志：克己復禮，仁也……楚靈王若能如是，豈其辱於乾谿？』」便明白指出「克己復禮為仁」（見《論語・顏淵》）這句話出於古志。自來論《春秋》、《左傳》的關係，沒有比史公更深切有徵的了！

四、左氏傳經的特色

《左傳》一書，治經、史於一爐，是以其傳經具有許多特色。

1. 直書其事

《左傳》述事，主要是為了闡發《春秋》的微言大義。假使事態既明，大義可得，當然直述其事也就夠了，不必另行費辭。例如：

隱七年經：「冬，天王使凡伯來聘，戎伐凡伯于楚丘以歸。」

傳云：「初，戎朝于周，發幣于公卿，凡伯弗賓。冬，王使凡伯來聘。還，戎伐之于楚丘以歸。」

丘明既說明戎君致送幣帛給周之公卿，凡伯不肯禮待，終被戎人擄去的事實，《春秋》譏貶凡伯的意思，就顯而易見，無須多說了。

2. 兼述其義

但是經文的寓意更加隱微，左氏除了陳述事實，還得做些說解的工作。例如：

桓二年經：「春，王正月，戊申，宋督弒其君與夷，及其大夫孔父。……三月，公會齊侯、陳侯、鄭伯于稷，以成宋亂。」

丘明在桓公元年傳的末尾，既「先經以始事」（杜預〈春秋序〉語，謂在經文言及的事前，追溯其事之初始）：「宋華父督見孔父之妻于路，目逆而送之，曰：『美而豔！』」然後說：

> 二年，春，宋督攻孔氏，殺孔父而取其妻。公怒，督懼，遂弒殤公。君子以督為有無君之心，而後動於惡，故先書弒其君。
>
> 會于稷，以成宋亂；為賂故，立華氏也。
>
> 宋殤公立，十年十一戰，民不堪命。孔父嘉為司馬，督為大宰，故因民之不堪命，先宣言曰：「司馬則然！」已殺孔父，而弒殤公，召莊公于鄭而立之，以親鄭。以郜大鼎賂公，齊、陳、鄭皆有賂，故遂相宋公。

據這四節傳文，宋督實先殺孔父嘉，後弒殤公與夷；但君子（這位君子，可能是孔子以前的一位史官，也可能就是孔子）因為孔父是輔立殤公的第一功臣（事詳隱三年傳），宋督理應知道殺了孔父，殤公是不會答應的；可是他卻悍然不顧，遽下毒手。那麼下手之前，他必定早已存心弒君，不把他放在眼裏。於是君子秉其誅心的特筆，把他弒君的事寫在前面。至於經書「會于稷，以成宋亂」，表面上是說四個諸侯出面調停宋亂，骨子裏卻在譏刺他們見利忘義，協助亂臣取利。

而且，這四節傳文，左氏用第三節來補充第一節，說明宋督借刀殺人，謀害孔父的手法；用第四節來補充第二節，說明宋督立莊公的原因，和賂諸侯，相莊公的經過。他所以不一氣呵成，而如此錯錯雜雜地寫，只因為他的書本為傳《春秋》而作，所以要拿經文為主，先說完《春秋》所有的，再補述《春秋》所無的。

更常見的例子，是左氏傳經，多半先引述經文，再講論大義。引述經文，有全錄者，有撮引者。講論大義，有據禮制以言者，有據事實以言者。例如：

桓三年經：「九月，齊侯送姜氏于讙。」

傳云：「齊侯送姜氏（撮引經文，謂《春秋》言此），非禮也（譏其不合禮法）。凡公女（諸侯之女）嫁于敵國（平等之國），姊妹（公之姊妹）則上卿送之，以禮於先君；公子（公之女兒）則下卿送之。於大國，雖公子亦上卿送之。於天子，則諸卿皆行，公不自送。於小國，則上大夫送之（禮法規定如此）。」又如：

桓五年經：「春，正月，甲戌、己丑，陳侯鮑卒。」

傳云：「春，正月，甲戌、己丑，陳侯鮑卒（全錄經文），再赴也（申明其義。甲戌、己丑二日，相隔一十六天。經書二日，是因為陳國發了兩次訃聞，所告日期不同。魯太史謹守記事從告的規定——詳見隱十一年傳——同時記了下來）。於是陳亂，文公子佗殺大子免而代之。公疾病而亂作，國人分散，故再赴（詳述其事）。」

也有時候左氏先述事實，然後才講大義。例如：

文十四年經：「宋子哀來奔。」

傳云：「宋高哀為蕭（宋邑）封人（官名），以為卿。不義宋公而出，遂來奔。書曰『宋子哀來奔』，貴之也（貴其不事污君）。」

3. 與《春秋》互為表裏

《左氏春秋》為傳《春秋》而作，由它的行文與《春秋》詳略互見，名號錯舉，互為表裏的特色，就可以明白確定。

雖然左氏記事詳備，可補《春秋》的不足；但是《春秋》已有明細的記載，左氏往往省約其辭，一筆帶過。例如：

隱三年經：「夏，四月，辛卯，君氏卒。」

傳只云：「夏，君氏卒。」而略其月日。又如：

僖四年經：「春，王正月，公會齊侯、宋公、陳侯、衛侯、鄭伯、許男、曹伯侵蔡。」

傳只云：「春，齊侯以諸侯之師侵蔡。」把月份和各諸侯全部省了。

有時經稱某人之名，傳則錯舉其號。例如：

隱五年經：「冬，十有二月，辛巳，公子彄卒。」

傳云：「冬，十有二月，辛巳，臧僖伯卒。」臧僖伯即公子彄，彄為其名，臧為其氏，僖為其諡，伯為其字。經傳對照，於是我們對這位魯公子的全稱「臧僖伯彄」，可以一覽無遺。請特別注意，當時一個貴族男子的全稱，都以氏、諡、字、名四者組成，而且四者的次序一律如此排列，固定不變。當時的人，大抵用表明兄弟行次的伯（或孟。嫡長稱伯，庶長稱孟）、仲、叔、季等字樣為字；所以我們很容易以字為準，推求他的氏、諡與名。

有時經文泛稱某人（某代表一個不定的國名），傳文則加以確指。例如：

僖十九年經：「邾人執鄫子，用之。」

傳云：「宋公使邾文公用鄫子于次睢之社。」《春秋》經傳裏，稱統治階層的國君和大夫為「人」，稱老百姓為「民」；稱「人」而包括老百姓的地方不是沒有，但是極少。此經中的「邾人」一稱，可以指邾國的君臣，可以單指邾國之君，也可以單指邾國之臣，涵義不明；左氏就改稱「邾文公」，加以限定，於是我們知道在此專指邾君。

4.釋《春秋》不書之義

《春秋》的微言，固然都有大義；但是有些重要的事情《春秋》當書而不書，也有道理。遇到這種情形，左氏亦就所知，說明其故。如魯隱公當在他的元年正月即位，但隱元年經只載「春，王正月」，卻沒有「公即位」的記載。

傳云：「春，王（周）正月，不書即位，攝也。」左氏在「王」下加「周」為限制詞，表明此王為周王，不是夏、商之王；不加在「王」上，大概是尊崇經文，不敢陵越的意思。「攝」當

「代理」講，「不書即位，攝也」，是說隱公本非太子，只因他父親惠公死時，太子允年少，又有宋師犯境（見隱元年傳），所以魯大夫公推他先替允做一任國君。隱公因為自己只是代理性的國君，所以雖然登位，卻「不言即位」（見《史記・魯世家》），「不行即位之禮」（朱子語）。隱公既不行即位之禮，史官自然不能寫「公即位」了。（請參閱本書〈左氏前傳釋義〉）

這種釋不書之義的筆法，看起來很怪異，但卻是三傳所共有的。《春秋》不書隱公即位，《公》、《穀》二傳也都以「公何以不言即位」發引，然後各有說辭。再看：

《左傳》隱元年四月：「費伯帥師城郎。不書，非公命也。」因為築城是一件大事，費伯擅作主張，理應加以貶斥。而且魯有二郎：一為《左傳》所載，本年所築之郎，在今山東省魚臺縣東北九十里；一為《春秋》所載，隱九年所築之郎，在魯都曲阜（今山東省曲阜縣）近郊。如不同時記載，後人將不知此郎實非彼郎，混為一談，滋生誤會。隱元年經：「公子益師卒。」《公羊》說：「何以不日？遠也。所見異辭，所聞異辭，所傳聞異辭。」桓元年經：「冬，十月。」《穀梁》說：「無事焉，何以書？不遺時也。春秋編年，四時具而後為年。」同屬此例。

5. 左氏自申其義

《春秋》大義，左氏竭力闡揚，已概述如上；至於左氏記事，也常有他獨到的見解，隱微的寓意，無法用述事之辭表達，恐日久湮沒失真；於是他假託「君子」之名以發議論，自申其義。例如：

桓十七年傳：「初，鄭伯將以高渠彌為卿，昭公惡之，固諫不聽。昭公立，懼其殺己也，辛卯，弒昭公而立公子亹。」《左傳》載昭公於桓十一年夏即位，秋九月因祭仲立厲公而出奔。桓十五年六月，厲公欲誅祭仲，不果，出奔蔡，昭公復位。昭公兩度為君，如有意殺高渠彌，早就把他殺了；既然未殺，當然是無意殺他。不料反而因此致禍。我們讀傳至此，一定會覺得高渠彌可惡，卻不一定能想到昭公之死，他自己也有責任。所以丘明接下去說：

「君子謂：『昭公知所惡矣！』公子達曰：『高伯（渠彌字）其為戮乎？復惡已甚矣。』」

這話是甚麼意思呢？《韓非子．難四》解釋得好：「君子之舉『知所惡』，非甚之也。曰知之若是其明也，而不行誅焉，以及於死；故曰『知所惡』，以見其無權也。人君非獨不足於見難而已，或不足於斷制。今昭公見惡，稽罪而不誅，使渠彌含憎懼死以徼幸，故不免於殺；是昭公之報惡不甚也。」又如：

昭三年傳：「初，景公欲更晏子之宅（要給他換一所更好的房子）……辭曰：『君之先臣容焉，臣不足以嗣之，於臣侈矣。且小人近市，朝夕得所求，小人之利。敢煩里旅。』公笑曰：『子近市，識貴賤乎？』對曰：『既利之，敢不識乎。』公曰：『何貴何賤？』於是景公繁於刑，有鬻踊者（鬻，賣。踊，受刖刑而斷足或斷趾者所穿的特製鞋）；故對曰：『踊貴屨（普通的鞋子）賤。』既已告於君，故與叔向語而稱之，景公為是省於刑。」我們讀了此傳，一定會佩服晏子節儉的美德，耿直的風範，卻不一定能體會不是大慈大悲的人，就說不出「踊貴屨賤」這句話。所以左氏接下去說：

「君子曰：『仁人之言，其利博哉！晏子一言而齊侯省刑。《詩》曰：「君子如祉（喜。言見賢人之言若喜而納之），亂庶遄已（止）。」其是之謂乎？』」

這些議論，莫不深切著明，啟心益智；可是所謂「君子」，卻不必盡有其人，總有些子虛、烏有之流，左氏借其名義，隨文注入解釋，形成一種既述事又議論的體例。這種體例，前此由晉史發其端（《國語》一書，唯〈晉語〉有「君子曰」之詞）；以後首先由司馬遷正式繼承下來，《史記》各篇篇末的「太史公曰」，就是《左傳》諸事之後「君子曰」的嫡嗣，遂成為中國歷代正史「贊論」的不祧之祖。只不過《史記》稱「太史公」，《漢書》改稱「贊」，《後漢書》稱「論」，《三國志》稱「評」，《隋書》稱「史臣」，《五代史》以「嗚呼」發引而已。

五、《左氏春秋》即《左傳》的說明

本文一開始，只說《左傳》一書的原始名稱叫《左氏春秋》，沒有詳加解釋，因為不了解《左傳》是怎樣一部書，具有怎樣的性質與特色，根本無從說起。現在可以補充說明了。

我們翻開《史記》，把夏、周、秦、秦始皇諸〈本紀〉、〈十二諸侯年表〉、〈曆書〉，以及吳、齊、魯、燕、管蔡、陳、衛、宋、晉、楚、越、鄭、趙、魏、韓、田完、孔子諸〈世家〉，還有

〈伍子胥列傳〉等篇，太史公據《左氏春秋》述春秋史的部分，和相關的《左傳》之文對照閱讀，就不難發現《左傳》的特質和獨有的記事，大量保留在《史記》裏。如：

隱三年傳：「八月，庚辰，宋穆公卒，殤公即位。君子曰：『宋宣公可謂知人矣。立穆公，其子饗之；命以義夫？〈商頌〉曰：「殷受命咸宜，百祿是荷。」其是之謂乎？』」

〈宋世家〉：「八月，庚辰，穆公卒，兄宣公子與夷立，是為殤公。君子聞之，曰：『宋宣公可謂知人矣。立其弟以成義，然卒其子復享之。』」

連《左傳》的「君子曰」也述進去了。又如：

隱八年傳：「鄭伯請釋泰山之祀而祀周公，以泰山之祊易許田。三月，鄭伯使宛來歸祊。不祀泰山也。」

〈魯世家〉：「與鄭易天子之太山之邑祊及許田。君子譏之。」

左氏「不祀泰山」，是說鄭伯所以無視於天子的存在，私自以祊交換魯之許田，應歸咎於周天子廢了巡狩之禮，不再祭祀泰山。史公便模仿《左傳》「君子曰」的筆法，用「君子譏之」予以譏刺，這君子顯指左丘明而言。

又如桓二年宋督弒其君與夷，《公》、《穀》二傳皆言督志在弒君，於是先殺孔父，獨《左傳》說督殺孔父為取其妻（文已具前，見四2.）。〈宋世家〉載：「十年，華督攻殺孔父，取其妻。殤公怒，遂弒殤公，而迎穆公子馮於鄭而立之，是為莊公。莊公元年，華督為相。」與左氏說相合。

桓五年正月，甲戌、己丑，陳侯鮑卒。《公》、《穀》二傳都以為陳侯甲戌那天失蹤，己丑那天找到，卻已死了；史官不知死在那一天，所以舉二日以包之。〈陳杞世家〉載：「文公元年，娶蔡女，生子佗。十年，文公卒，長子桓公鮑立。……三十八年，正月，甲戌、己丑，陳桓公鮑卒。桓公弟佗，其母蔡女，故蔡人為佗殺五父及桓公太子免而立佗，是為厲公。桓公病而亂作，國人分散，故再赴。」獨取《左傳》「再赴」的解釋（傳文已具前，見四 2.）。

此外，〈吳世家〉贊云：「余讀春秋古文，乃知中國之虞，與荊蠻句吳兄弟也。」虞與句吳為兄弟，《公》、《穀》及群書不載，顯本僖五年傳「大伯、虞仲，大王之昭（周太王的兒子）也」為說，而且史公所讀的「春秋古文」，即指《左傳》，因《春秋》三傳只有《左傳》用古文寫成。《史記．曆書》載：「周襄王二十六年閏三月，而『春秋』非之。先王之正時也，履端於始，舉正於中，歸邪於終。履端於始，序則不愆；舉正於中，民則不惑；歸邪於終，事則不悖。」襄王二十六年當魯文公元年，那年閏三月的事，僅見於《左傳》，不但《公》、《穀》，連《春秋》都沒有記載。文元年傳「於是閏三月，非禮也」以下有「先王之正時也」等十句話，與〈曆書〉全同，所以〈曆書〉所謂的「春秋」，當指《左氏春秋》，非孔子《春秋》。這段《左氏春秋》的筆法和文句，又與《左傳》完全一樣。

由以上所舉的例子看起來，史公所引述的《左氏春秋》，無疑就是我們今天所讀的《左傳》；因為它具有《左傳》所有的特質，和太多相同的記述。

因為《左傳》初名《左氏春秋》，所以它是《春秋》傳的事實，自西漢末年以來，一直為公羊學者所否認。

《春秋》三傳，西漢只有二傳立於學官——武帝立公羊博士，宣帝立穀梁博士。左氏雖不得立，但《說文解字・敘》云：北平侯張蒼獻《春秋左氏傳》。《漢書・儒林傳》云：成帝時，張霸獻百兩篇《尚書》，分析今二十九篇以為數十，又采《左氏》、《書・敘》作為首尾，以中書校之非是。可見西漢之世，中外皆有其書，學者私相傳授。

哀帝時，劉歆為侍中，得親近，白《左氏春秋》可立，帝令歆與五經博士講論其義，諸博士囿於師法，溺於私利，但稱「《左氏》不傳《春秋》」，以為《左氏》只是一部史書，並非專為《春秋》所作的傳，拒絕討論，其事遂被擱置。

平帝時，王莽當政，好古文，重劉歆，歆議始申，《左氏春秋》、古文《尚書》、《毛詩》、《逸禮》皆置博士。

光武中興，盡黜王莽的制度，古文經再度被廢。建武中用韓歆議，以李封為左氏博士，群儒讙譁，數度廷爭，適封病卒，因不復補。

章帝時，鄭興父子奏上《左氏》，乃立於學官，仍行於世，從此《左傳》漸駕陵二傳，盛行不替。

所以改稱《左氏春秋》為《春秋左氏傳》，應是東漢《左氏》傳經得到公認，地位確定以後的事。

到了清代嘉慶年間，劉逢祿（字申受）作《左氏春秋考證》，專申漢儒「《左氏》不傳《春秋》」之說。他據《史記》，以為左丘明作的《左氏春秋》，和《晏子春秋》、《呂氏春秋》是同類的書，雖名為「春秋」，卻和孔子《春秋》無涉。他認為現在流傳的《左傳》，是劉歆緣飾《左氏春秋》，偽造的假《春秋》傳；其中的書法、凡例，都是劉歆所附益的。

近世康有為氏，作《新學偽經考》，更進一步，以為〈十二諸侯年表序〉論《左氏》緣起那段文章，是劉歆增竄進去的，並非《史記》之舊；《左氏春秋》的名稱是劉歆杜撰的，不足信賴。他據史公「左丘失明，厥有《國語》」之言，認為丘明之所作，史遷之所本，只是一部《國語》而已；《左氏春秋》是劉歆割裂《國語》，比附《春秋》，恣意竄入一些書法、凡例而成的偽傳。

我們既知史公所據的《左氏春秋》就是今天的《左傳》，而史公的時代遠在劉歆之前，上述種種罔顧事實、聳人聽聞的說辭，就可不攻自破了。

六、《左傳》的價值和研讀方法

談論《左傳》的價值，目的在說明為甚麼要讀《左傳》。程師旨雲先生說：「《左傳》一書，包羅萬有，天象地文、禮樂征伐、制度考文之事，無不畢具。又參考百二國寶書而補益之，故語極浩博。如王孫勞楚，備詳九鼎（宣公三年）；季札觀樂，縱論國風（襄公二十九年）；郯子聘魯，言少昊以鳥紀官（昭公十九年）；魏絳和戎，言夷羿以田覆國（襄公四年。上數語見《左盦集・讀左箚記》）；是皆增典墳所不載，考禮樂所未備者矣。」（見〈周秦諸子述左傳考序〉）總論《左傳》豐盛之內容，概見《左傳》不朽的價值。今謹再分項申述於下：

㈠經學方面

前面說過，《左傳》不純為經書，但它確實是為闡發《春秋》大義而作。《莊子・天下》篇說：「《春秋》以道名分。」一語道破孔子作《春秋》的目的。但是孔子的正名思想，卻是受了春秋時代以前晉大夫師服的啟示。桓二年傳載師服之言「夫名以制義，義以出禮，禮以體政，政以正民；是以政成而民聽，易則生亂」，就是孔子所謂「名不正，則言不順；言不順，則事不成；事不成，則禮樂不興；禮樂不興，則刑罰不中；刑罰不中，則民無所措手足」之所本。師服就正面立說，孔子從反面申論。因為「名」（百事之名）是用來制定義理的，所以名不正則不義（不合義理），不義則言不順，事不成。事不成由於不義，而義是用以制定禮法的；所以事不成則禮樂（履義而行謂之禮，行而樂之謂之樂）不興。禮是用來組成（「體」是五官四肢的總稱，故引申為組成之意）政令的，所以禮樂不興，政令便失去依據；刑罰是政令的一環，當然要隨著失去節度，甚至該罰的不罰，不該罰的卻重罰，使得人民無所適從，手足無措。人民手足無措，生活在恐懼中，恐懼到極點，自然要起而反抗，亂事於是發生。左丘明掌握住孔子作《春秋》的思想根源，於是對《春秋》藉褒貶以正名分的大義，獨能一概以禮義論斷。單就這一層說，它和《春秋》關係的密切，就遠非《公》、《穀》二傳所能及。

此外，左氏也精通《易》、《書》、《詩》、《禮》。據顧棟高《春秋大事表．四十七》的統計，《左傳》全書，凡載《易》占十七，賦《詩》二十八，引《書》據義二十二。惠棟《古文尚書考》統計，《左傳》所引《詩》者一百五十六，逸詩者十。鄭玄曾推崇左氏善於禮。《左傳》旁引古經，或推陳其源，或闡釋其義，或宣明其用；我們可以據這批古老原始的資料，考源流，通訓詁，達體用，辨異同，對群經作更深入的研究。所以顧棟高說：「善哉乎，鄭夾漈（樵）之言之也曰：吾于敬仲之筮（莊二十二年），得『互體』之說焉；于畢萬之筮（閔元年），得『變卦』之說焉；於穆姜之筮（襄九年），得動以靜為主之說焉；于南蒯之筮（昭十二年），得不占險之說焉；于秦伯之筮（僖十五年），得〈繫辭〉之異于今文者之說焉。豈惟《易》哉？凡《詩》與《書》靡不然也。〈洪範〉『沈潛剛克，高明柔克』，而傳謂之〈商書〉，明箕子有不臣周之義；〈巧言〉之卒章怒孫文子，識河流變遷之始；于〈褰裳〉、〈野有蔓草〉、〈有女同車〉與〈擇兮〉贈答韓宣子，知毛、鄭之說之有所自，而朱子概斥為淫奔有未安。」（見《春秋大事表．四十七》）章學誠說：「《四書》文字，必讀《春秋左傳》；為其知孔子之時事，而後可已得其所言之依據也。」又說：「孺子之於《易》、《書》、《詩》、《禮》未必盡讀；讀而不識，識而不知所運用者，又比比也。《左氏春秋》稱述《易》、《書》、《詩》、《禮》，無所不備，孺子讀經傳而不知所用，則分類而習其援證經傳之文辭，擴而充之，其文自能出入於經傳矣。」（見《章氏遺書・論課蒙學文法》）都是精通經術，指點迷津的偉論。

㈡史學方面

《左傳》是一部經書，同時也是一部史書。它熔經學於史學，寓褒貶於記事，為中國正史樹立一個永不磨滅的典型。這在前面論《左傳》的性質時已經表過。如果進一層說，那麼《左傳》在史學上的貢獻，是多方面的。

在史料方面，《左傳》備述一代之事：大至繻葛之戰，祝聃射王中肩（桓五年），足見王權衰微的概況；城濮一戰，重耳擊敗頑楚，其成功的過程，正是修齊治平一貫大道的寫照。小至南宮長萬多力，陳人裹以犀革，猶能「手足皆見」（「見」同「現」，手足戳破犀革，露了出來。見莊十二年傳）；夷吾為厭不祥，故名男曰圉，女曰妾（僖十七年），其風至今未改。其言制度，則詳述姓氏的來源（隱八年），命名的方法（桓六年），喪葬的時限（隱元年），萬舞的羽（通「佾」，舞列也）數（隱五年），置閏的法則（文元年），書法的條例（隱十一年、宣四年等），林林總總，廣及人類全體的活動，社會各種的現象。這些記載，不但是《史記》序列春秋史實的根源，也開《史記》在〈列傳〉中將儒林、刺客、扁鵲倉公、日者、龜策、貨殖與名公臣卿並列，在八〈書〉中詳推禮樂損益，律曆改易，備考兵權、山川、鬼神的先河。無怪東漢的盧植，要讚美《左傳》「博物盡變，囊括古今表裏人事」了。

在史法方面，由於《左傳》的提示綱領，後世史家才能有所遵循。例如由於

隱十一年傳載：「凡諸侯有命（命謂大事政令），告則書（正式以書面告知本國，則史官書之於策），不然則否（不告則雖知亦不得書）。師出臧否（勝敗）亦如之。雖及滅國（縱使遇到一個國家被滅亡），滅不告敗，勝不告克，不書于策。」可知當時史官對於國外大事，必須得到各國書面通知，有了正確的憑據，才能記於史策；否則再不易失實的傳聞，如交戰國雙方的勝敗，某國慘遭滅亡等，也不可記錄。於是我們才曉然於《春秋》何以會有類似「甲戌，己丑，陳侯鮑卒」之類的特筆；才確認《春秋》、《左傳》所據的都是道地的信史。由於

莊二十九年傳載：「秋，有蜚。為災也。凡物，不為災，不書。」可知史官對一般事物的記載，也有其取捨的標準。由於

莊二十七年傳載：「冬，伯姬來。歸寧也。凡諸侯之女，歸寧曰『來』，出曰『來歸』。夫人歸寧曰『如某』，出曰『歸于某』。」

宣四年傳載：「夏，弒靈公。書曰『鄭公子歸生弒其君夷』，權不足也。……凡弒君稱君，君無道也。稱臣，臣之罪也。」

宣十八年傳載：「秋，邾人戕鄫子于鄫。凡自虐其君曰『弒』，自外曰『戕』。」

成十五年傳載：「春，會于戚。討曹成公也。執而歸諸京師。書曰『晉侯執曹伯』，不及其民也。凡君不道於其民，諸侯討而執之，則曰『某人執某侯』；不然則否。」可見史策所載，不唯信而有徵，而且行文有專用的詞語，敘事有一定的成法，為後世史家奠定穩固的基礎。

在歷史哲學方面，《左傳》秉承《春秋》之義，把史家的意境，提升到一個高遠的境界。《春秋》正名分，定褒貶，只能說它是一部經書；如果勉強說它是史書，也不過一部偏重於褒貶正名的魯國現代史綱目而已。所以數中國的史書，要從「論輯其本事」的《左傳》始。這部融合經、史的巨著，一邊記事，一邊評論，左丘明以他不世之才，自兼史家與史評家兩要職。推究他的用心，無非認為歷史是留給後人做鑑戒的；史家的任務，不僅是按事情的本末，記一篇流水帳就算了，他必須以他孤特的識見，悲憫的情懷，藉古事而懲惡勸善。因此丘明不但「以事翼經」，闡釋《春秋》，使孔子的微言大義昭明於世；同時也發皇了孔子的精神，啟沃了我國數千年以來的正史。

胡適說：「中國的歷史學幾千年來，很受了《春秋》的影響。試讀司馬遷《史記》自序，及司馬光《資治通鑑》「初命之晉為諸侯」一段，及朱熹《通鑑綱目》的正統書法各段，便可知《春秋》的勢力了。《春秋》那部書，只可當作孔門正名主義的參考書看，卻不可當作一部模範的史書看。後來的史家把《春秋》當作史的模範，便大錯了。為什麼呢？因為歷史的宗旨在於『說真話，記實事』。《春秋》的宗旨，不在記實事，只在寫個人心中對於實事的評判。明是趙穿弒君，卻說是趙盾弒君（按：宣二年經）。明是晉文公召周天子，卻說是「天王狩于河陽」（按：僖二十八年經）。這都是個人的私見，不是歷史的實事。後來的史家，崇拜《春秋》太過了，所以他們作史，不去討論史料的真偽，只顧講那「書法」和「正統」種種謬說。《春秋》的餘毒，就使中國只有主觀的歷史，沒有物觀的歷史。」（見《中國古代哲學史．第四篇．第四章》）

胡氏以為《春秋》「只可當作孔門正名主義的參考書」，自是卓見；至於說中國史家「把《春秋》當作史的模範」，以致「中國只有主觀的歷史，沒有物觀的歷史」，就不敢苟同了；他完全無視於《左傳》早已治這兩種歷史於一爐，既要「說真話，記實事」，保存真象；又要講書法，判是非，啟誘後人，賦予歷史更崇高、更偉大的使命，熔鑄成主觀、物觀兼備的歷史範本，大開後世史家之門。

㈢子學方面

司馬遷說：「鐸椒為楚威王傳，為王不能盡觀《春秋》，采取成敗，卒四十章，為《鐸氏微》。趙孝成王時，其相虞卿，上采春秋，下觀近世，亦著八篇，為《虞氏春秋》。呂不韋者，秦莊襄王相，亦上觀尚古，刪拾春秋，集六國時事，以為八覽六論十二紀，為《呂氏春秋》。及如荀卿、孟子、公孫固、韓非之徒，各往往捃摭春秋之文以著書，不可勝紀。」（《史記．十二諸侯年表序》）是歷來第一次論及《左傳》影響先秦諸子的話。這話裏所說的「春秋」，主要指《左氏春秋》。鐸椒、虞卿的書，早已亡佚，《戰國策・楚策》「虞卿謂春申君曰：『臣聞之春秋，於安思危，危則慮安。』」顯本襄十一年傳「《書》曰：『居（按：一作於）安思危。』思則有備，有備無患」為說，可以為證。至於荀卿、呂不韋、韓非的書，筆者曾初步略加統計，其述事立意本於《左傳》者，《荀子》有九處，《呂氏春秋》有三十八處，《韓非子》有四十二處。不但先秦，兩漢子書自《新語》、《淮南》以下，也大量引述《左傳》。（詳見拙著《周秦諸子述左傳考》、《兩漢諸子述左傳考》）《左傳》影響諸子學說，可謂既深且鉅。

但是現在幾部有名的哲學史，都從戰國講起，未能推源於春秋。縱使述及《左傳》，也是一鱗半爪，聊備一格而已，毫無系統可言，於是所講的戰國思想，便失去了根本。比方大家都談論孔子的「正名」，卻沒有人提過師服。我們不讀文十三年《左傳》：「邾文公卜遷于繹，史曰：『利於民而不利於君。』邾子曰：『苟利於民，孤之利也。天生民而樹之君，以利之也。民既利矣，孤必與焉。』左右曰：『命可長也。君何弗為？』邾子曰：『命在養民。死之短長，時也（按：謂如四時之有定）。民苟利矣，遷也，吉莫如之！』遂遷于繹。五月，邾文公卒。君子曰：『知命！』」若不懂得天命有常，人人應把握有生之年造福於大眾的道理，就不能了解孔子所說「不知命無以為君子」（《論語・堯曰》）的意義。如果不知春秋邾子之國就是孟子鄒國的前身，邾文公的故事早為孟子所知，就不能說明「那重君權的儒家，何以忽然生出一個鼓吹民權的孟子」（胡適語，見《中國古代哲學史・第十篇・第一章》）。我們不讀成十三年《左傳》「劉子（按：謂劉康公）曰：『吾聞之：民受天地之中以生，所謂命也。是以有動作禮義威儀之則，以定命也。能者養以之福，不能者敗以取禍。是故君子勤禮，小人盡力。勤禮莫如致敬，盡力莫如敦篤。……』」，襄九年《左傳》「君子勞心，小人勞力，先王之制也」，就不能知道〈中庸〉「天命之謂性」，以及孟子道性善與主張「或勞心，或勞力」的起源；就不能說明「那儒家的極端實際的人生哲學，何以忽然生出孟子和荀子這兩派心理的人生哲學」（胡適語，同前）。由此可見，研究古代哲學而忽略了《左傳》，是何等嚴重的損失！

(四) 文學方面

左氏在文學上的貢獻，從劉勰「辭宗丘明」（見《文心雕龍・史傳》），和林琴南「天下文章，能變化陸離不可方物者，只有三家：一左、一馬、一韓而已」的讚譽，可見一斑。「一馬、一韓」，指的是司馬遷和韓愈。司馬遷受左氏影響最深，他的文章也與左氏最為神似，得其精髓。韓愈文章雖美，但由他「左氏浮誇」（〈進學解〉）的評論，與范甯所說的「左氏豔而富」（〈春秋穀梁傳序〉）如出一轍，只注意到《左傳》文辭浮誇豔麗的一面，而忽略其切實樸質的一面。試看莊公八年這一段傳文：

齊侯（齊襄公）使連稱、管至父戍葵丘，瓜時（謂七月瓜熟之時）而往，曰：「及瓜而代。」期戍（往戍一年），公問（音訊）不至。請代，弗許。故謀作亂。僖公之母弟（同母之弟）曰夷仲年，生公孫無知，有寵於僖公，衣服禮秩如適（通「嫡」），襄公為僖公之太子），襄公絀之；二人因之以作亂。連稱有從妹（堂妹）在公宮，無寵，使間公，曰：「捷，吾以女為夫人（為無知之夫人）。」冬，十二月，齊侯游于姑棼，遂田（獵）于貝丘，見大豕（野豬），從者曰：「公子彭生（齊大夫，為襄公所殺害）也！」公怒曰：「彭生敢見（同『現』）！」射之，豕人立而啼，公懼，墜于車，傷足喪屨。反（通「返」），誅屨於徒人費。弗得，鞭之見血。走出，遇賊于門，劫而束之。費曰：「我奚御（通『禦』）哉！」袒而示之背，信之。費請先入，伏公而出鬥，死於門中。石之紛如（齊小臣）死於階下。遂入（賊入於堂），殺孟陽（亦小臣）于牀（代公坐在座位上），曰（有人說）：「非君也，不類！」見公之足於戶下，遂弒之而立無知。

其敘事之詳備，固然無以復加，而文詞之簡樸，更不容少有減損。劉知幾謂《左傳》「其言簡而要，其事詳而博」（《史通．六家》），最為妥帖。至於方苞推崇左氏行文的義法，硬要把文章不可方物的變化陸離，套入公式化的「義法」模式之中，雖有便於初學，卻完全失去了神韻。這都是不能洞察《左傳》文法之全的弊害。所以一直到今天，想把散文寫好，《左傳》依然是最完美的範本。它在文學上的價值，仍然是不可估計的。

（五）兵學方面

左丘明也是一位兵學大家，在《左傳》中對於戰爭的原理，有清晰的陳述；對戰略、戰術的運用，也有神奇的描寫。他所述的兵法，多與《孫子兵法》相表裏。《左傳》載：

僖公二十六年，楚伐宋圍緡，魯僖公以楚師伐齊取穀，置齊桓公子雍於穀，建立一個傀儡政權，以為魯援。二十七年冬，楚師包圍宋都，宋告急於晉，晉以楚始得曹，而新婚於衛，若伐曹、衛，楚必往救，則齊、宋之困可解。決定伐曹、衛以救宋。二十八年，楚攻宋益急，晉用先軫謀，使宋重賂齊、秦，請出面調停；同時晉郤割裂曹、衛的土地，分賜宋人，使楚無法接受，而孤立楚國，怒動齊、秦之兵。楚成王見大勢已去，立刻下令撤退，令尹子玉抗命請戰，欲報楚人批評他的夙怨，王怒，少與之師，卒大敗於城濮。

我們看到置公子雍於穀，就知道冷戰時期，蘇俄樹立古巴政權，是如何處心積慮地在侵蝕美國的腹心；看到晉伐曹、衛以救宋，把戰場移到敵人境內，就知道美國在援助南韓、南越的戰略上，犯了何等嚴重的錯誤；先軫不戰而迫使楚師全面撤退，已達到孫子所謂「不戰而屈人之兵，善之善者也」（見《孫子．謀攻》篇）的最高境界；子玉慍而求戰，楚王怒而許之，正犯了孫子「主不可怒而興師，將不可慍而致戰。合於利而動，不合於利而止」（見〈為攻〉篇）的告誡。僖公二十二年《左傳》載子魚的話「三軍以利用也」，二十七年載趙衰的話「德義，利之本也」，那麼孫子所謂「合於利而動」，就斷無罔顧德義而窮兵黷武的道理。

《孫子》十三篇，舉世奉為「兵經」，流傳中外。《左傳》一書，古代不唯號稱名將者專心習誦，即使儒生研治者也每樹戰功。如左丘明作傳授曾申，申授吳起，起為楚悼王相，南平百越，北併陳、蔡，卻三晉，西伐秦，諸侯患楚之強；漢賈逵好《左傳》，黃初中征吳有功，封陽里亭侯，加建威將軍；蜀記載「關羽好《左氏》，諷誦略皆上口」；杜預有「《左氏》癖」，身不跨馬，射不穿札，每有大事，輒居將帥之位，及卒，獲贈「征南大將軍」；岳飛家貧力學，尤好《左傳》，曾以「勇不足恃，用兵在先定謀。欒枝曳柴以敗荊（荊即楚，事詳僖二十八年傳），莫敖采樵以致絞（見桓十二年傳），謀定也」之語，見知於張所。由此數例，可以概見。但是近代言中國兵學者，皆知有《孫子》，而不知有《左氏》，忽視了《左傳》在兵學上的價值。

清修《四庫全書》，分天下書籍為經、史、子、集四部，哲學、兵法同列子部。由是可見《左傳》一書，幾乎關係到國學的全體，是任何研究中國文化的人，所不能廢棄的寶典；也是身為中國人，人人都該一讀的寶典。

《左傳》總共十九萬六千八百四十五字，廣記一代之事，包羅萬有，牽涉百家，是極有價值，也極難精通的偉大著作。這本書雖然說人人都應該讀，但初學的人若無師長教導，切忌好高鶩遠，不妨以上面的簡介為梯階，先從讀《左傳》的文章入手，據杜預的《春秋經傳集解》，把全書略讀一遍，認識其體例，粗通其大義，欣賞其文辭，熟記其成語。等到有了概略的了解，發生濃厚的興趣，再參考各家的補注，精通其訓詁；閱覽《史記》、《左傳事緯》、《左傳紀事本末》等書，貫串其史實；以探究經、傳的大義。最後，可據個人的興趣與專長，分別就經學、史學、子學、文學等方面，作專門而廣大精深的研究，以發皇《左傳》的高義。宋呂祖謙《左氏傳說》中有〈看左氏規模〉一文，詳言讀《左傳》的方法，嘉惠後學；文章很長，不具錄了。

七、《左傳》之傳授與歷代的《左傳》學

(一)《左傳》之傳授與兩漢的《左傳》學

陸德明《經典釋文》云：左丘明作傳，以授曾申，申傳衛人吳起，起傳其子期，期傳楚人鐸椒，椒傳趙人虞卿，卿傳同郡荀卿名況，況傳武威張蒼，蒼傳洛陽賈誼，誼傳其孫嘉，嘉傳趙人貫公，貫公傳其少子長卿，長卿傳京兆尹張敞及侍御史張禹，禹傳尹更始，更始傳其子咸及翟方進、胡常，常授黎陽賈護，護授蒼梧陳欽。《漢書·儒林傳》云：漢興，北平侯張蒼及梁太傅賈誼、京兆尹張敞、大中大夫劉公子，皆修《春秋左氏傳》。始劉歆從尹咸及翟方進受《左氏傳》，由是言《左氏》者，本之賈護、劉歆。歆授扶風賈徽（作《左氏條例》二十一卷），徽傳子逵。逵受詔列《公羊》、《穀梁》不如《左氏》四十事奏之，名曰〈左氏長義〉，章帝善之；逵又作《左氏

解詁》。司空南閣祭酒陳元作《左氏同異》，大司農鄭眾作《左氏條例章句》，南郡太守馬融為三家同異之說。京兆尹延篤受《左氏》於賈逵之孫伯升，因而注之。汝南彭汪記先師奇說及舊注。大中大夫許淑（字惠卿）、九江太守服虔（字子慎），作《春秋左氏傳解誼》、侍中孔嘉、魏司徒王郎、荊州刺史王基、大司農董遇、徵士燉煌周生烈，並注解《左氏傳》。梓潼李仲欽著《左氏指歸》，陳郡潁容（字子嚴）作《春秋條例》。又何休作《左氏膏肓》、《公羊墨守》、《穀梁癈疾》，鄭康成作《鍼膏肓》、《發墨守》、《起癈疾》，自是《左氏》大興。可惜他們的著作，除了一小部分有輯佚本流傳，大都散失了。

東漢以後，先有紙張的發明，經典傳寫便利；後有印刷術的發明，書籍流傳日廣；有關《左傳》的著作累積日多，學者無師也可自修，於是再沒有明確的傳授系統可尋。茲節取劉師培《經學教科書》所述自三國以至清末的《左傳》學，略加增補，以供參考。

(二)三國南北朝隋唐之《左傳》學

三國時治《春秋》者，有魏王肅《左氏解》，蜀李譔《左氏傳》，而尹默、來敏，咸治《左氏》。晉杜預（字元凱，作《春秋經傳集解》）作《左傳》注，乾沒賈、服之說；又作《春秋釋例》，亦多牾誤。南北朝時，服虔左氏注行於河北，徐遵明（作《春秋章義》）、張買奴等傳其業。杜注得預玄孫杜垣之傳，行於齊地。故服、杜二家互相排擊，李鉉、劉焯、衛翼隆、李獻之、周樂遜（作《左氏序義》）咸宗服注；姚文安則排斥服注。另有劉炫作《春秋述議略》、《春秋攻昧》、《春秋規過》、張沖作《春秋義略》，皆與杜注立異。（以上北學）江左偏崇杜注，唯梁崔靈恩作《左氏經傳義》、《左氏條義》，申服難杜；虞僧誕作《申杜難服》以答之。（以上南學）唐孔穎達作《春秋左傳正義》，專用杜注，而漢學盡亡。至如趙匡、啖助作《春秋集傳》集三傳釋《春秋》。陸淳（作《春秋集傳纂例》、《春秋集傳辨疑》、《春秋微旨》）則掊擊三傳，以己意說經，別成一派，開後人捨棄三傳，獨究遺經之風。

(三)宋元明之《左傳》學

宋儒說《左傳》者，劉敞《春秋權衡》，評論三傳得失，以己意為進退。葉夢得（作《春秋傳》、《春秋考》、《春秋讞》，後二書本佚，清儒由《永樂大典》輯為考十六卷、讞二十二卷，得其大概）、高閌（作《春秋集註》）之書，皆排斥三傳。陳傅良《春秋後傳》，則又雜糅三傳，蕩棄家法。宋代以來，以《左傳》為主的，有蘇轍（作《春秋集傳》）、張大亨（作《春秋通訓》）、呂祖謙（作《春秋左氏傳說》、《春秋左氏傳續說》、《東萊左氏博議》）、程公說（作《春秋分記》）、呂大圭（作《春秋或問》）、林堯叟（作《春秋左氏句解》）、章沖（作《春秋左傳事類始末》）、趙汸（作《春秋集傳》、《春秋師說》、《春秋屬辭》、《春秋金鎖匙》、《春秋左傳補注》）、童品（作《春秋經傳辨疑》）、傅遜（作《左傳屬事》、《春秋註解辯誤》）、顧炎武（作《左傳杜解補正》）、王夫之（作《續左氏博議》、《春秋稗疏》）、朱鶴齡（作《讀左日鈔》）。而蘇、趙之書，亦間取資於《公》、《穀》。其以《公》、《穀》為主者，有崔子方、鄭玉，亦間取資於《左傳》。至於薈萃舊說者，宋有李明復（作《春秋集義》），元有王元杰（作《春秋讞義》）、李濂，明有王樵（作《春秋輯傳》），雜采三傳，旁及宋儒之說，唯語鮮折衷耳。又明陳禹謨作《左氏兵略》，專言兵法，亦能卓然成家。

(四)清儒之《左傳》學

清儒說《左傳》者，惠士奇作《春秋說》，以典禮說《春秋》，其書亦雜糅三傳。顧棟高《春秋大事表》，博大精深，惜體例未嚴。馬驌《左傳事緯》、高士奇《左傳紀事本末》，皆上承章沖《春秋左傳事類始末》，分類纂事，淹貫《左傳》之書，大便後學。而惠棟（作《左傳補注》）、沈彤（作《春秋左氏傳小疏》）、洪亮吉（作《左傳詁》）、馬宗璉（作《左傳補注》）、梁履繩（作《左通補釋》），咸糾正杜注。至引申賈、服之緒言，以李貽德《春秋左傳賈服注輯述》為最備，劉文淇《春秋左氏傳舊注疏證》始集眾說之大成，惜其書未成，至襄公五年而絕筆。另有陳厚耀校定曆譜，江永考究地輿，也都是有用之學。

民國以來的《左傳》學，請參看林慶彰教授主編《經學研究論著目錄》，漢學研究中心編印；及拙著〈六十年來之左氏學〉一文，該文收在正中書局六十一年版《六十年來之國學》中，此不贅述。

試揭《春秋》神祕的面紗

——對董生論《春秋》的闡釋與商榷

孔子所作的《春秋》，是一部神祕費解的經典，自莊子以來，學者常拿《周易》和它相提並論，毛奇齡曾說：

> 《大易》、《春秋》，迷山霧海，自兩漢迄今歷二千餘年，皆臆猜卜度，如說夢話，何時得白？

自是有感而發。志在「紹明世，正《易傳》，繼《春秋》，本《詩》、《書》、《禮》、《樂》之際」而作《史記》的司馬遷，博綜古今，是最能了解《春秋》大義的方家；可是他在《史記・太史公自序》中，提到上大夫壺遂向他請教「昔孔子何為而作《春秋》」的時候，竟引述董仲舒的議論作

沈鈞海左　42

答：

太史公曰：余聞董生曰：

「周道衰廢，孔子為魯司寇，諸侯害之，大夫壅之；孔子知言之不用、道之不行也，是非二百四十二年之中，以為天下儀表，貶天子，退諸侯，討大夫，以達王事而已矣。（按：以上第一節，說明孔子作《春秋》的動機和目的。）

「子曰：『我欲載之空言，不如見之於行事之深切著明也。』（以上第二節，說明孔子採用史體作《春秋》的原因。）

「夫《春秋》，上明三王之道，下辨人事之紀，別嫌疑，明是非，定猶豫，善善惡惡，賢賢賤不肖，存亡國，繼絕世，補敝起廢，王道之大者也。（以上第三節，說明《春秋》大義的所在。）

「《易》著天地、陰陽、四時、五行，故長於變；《禮》經紀人倫，故長於行；《書》記先王之事，故長於政；《詩》記山川谿谷、禽獸草木、牝牡雌雄，故長於風；《樂》樂所以立，故長於和；《春秋》辯是非，故長於治人。是故《禮》以節人，《樂》以發和，《書》以道事，《詩》以達意，《易》以道化，《春秋》以道義；撥亂世反之正，莫近於《春秋》。（以上第四節，論六經各有所長而《春秋》最近撥亂反正之道。）

「《春秋》文成數萬，其指數千；萬物之散聚，皆在《春秋》。《春秋》之中，弒君三十六，亡國五十二，諸侯奔走不得保其社稷者不可勝數，察其所以，皆失其本已；故《易》曰：『失之豪釐，差以千里。』故曰：『臣弒君，子弒父，非一旦一夕之故也，其漸久矣。』」

（以上第五節，說明《春秋》意旨廣博，歸本於正名。）

「故有國者不可以不知《春秋》；前有讒而弗見，後有賊而不知。為人臣者不可以不知《春秋》；守經事而不知其宜，遭變事而不知其權。為人君父而不通於《春秋》之義者，必蒙首惡之名；為人臣子而不通於《春秋》之義者，必陷篡弒之誅，死罪之名。其實皆以為善為之，不知其義，被之空言而不敢辭。夫不通禮義之旨，至於君不君，臣不臣，父不父，子不子。夫君不君則犯，臣不臣則誅，父不父則無道，子不子則不孝，此四者，天下之大過也；以天下之大過予之，則受而弗敢辭。故《春秋》者，禮義之大宗也。夫禮禁未然之前，法施已然之後；法之所為用者易見，而禮之所為禁者難知。」（以上第六節，說明《春秋》為禮義的根源，功在起敬絕惡。）

董生的議論，不僅回答了壺遂的問題，更扼要地涉及《春秋》的全體。太史公對董生的《春秋》學，並非完全景從，《史記・儒林列傳・董仲舒傳》說：「漢興，至于五世之間，惟董仲舒名為明于《春秋》，其傳公羊氏也。」以仲舒「名為明于《春秋》」，是世俗以為他明於《春秋》的意思；以仲舒所傳習的是《公羊傳》，則史公分明以公羊家為《春秋》別派，不認為《公羊》即是《春秋》嫡傳❶。《春秋》的字數，三國魏人張晏說有一萬八千字，劉德漢教授據相臺岳氏本《春秋經傳集解》統計，到哀公十四年止，共得一六六一六字❷，那麼董生所謂「《春秋》文成數萬」，顯然據四萬四千餘字的《公羊》經傳為說❸，以《公羊》義即《春秋》義。史公對此未加駁斥挑剔，可見他在大體上接受了董生的意見。宋儒王應麟於《困學紀聞・卷七》，也讚美史公聞之董生的議論「深得《春秋》綱領之正」。趙汸《春秋師說》引黃澤云：「太史公『予聞之董生』一段，議論甚正大，無一語不好。」可是一部看起來有如史書綱目的《春秋》，如何能包涵這樣博大精深的義理呢？謹循董生指點的門徑，逐步探索如後。

一、孔子作《春秋》的動機和目的

孔子早年本著「述而不作，信而好古」的原則治學，但到了晚年卻一反常態，「作」了一部

❶ 劉師培說。見《左盦外集・卷三・司馬遷左傳義序例》。

❷ 張說見《史記集解》。劉說見《春秋與三傳概述》，唯據《公羊》經，其字數當扣除哀十四年「小邾射」以下一百十八字，實得一六四九八字。

❸ 阮葵生《茶餘客話》云《公羊》經傳凡四四〇一五字。

《春秋》。他的動機，孟子業已揭示：

> 世衰道微，邪說暴行有作，臣弒其君者有之，子弒其父者有之；孔子懼，作《春秋》。《春秋》，天子之事也；是故孔子曰：「知我者，其惟《春秋》乎？罪我者，其惟《春秋》乎！」（《孟子・滕文公・下》）

孟子的話，和董生是相輔相成的。所謂「《春秋》，天子之事」，程師旨雲的解釋最為透闢：

> 天子有討亂臣賊子之責；王綱廢墜，不能聲罪致討。孔子作《春秋》，在遏人欲於橫流，存天理於既滅❹，褒善貶惡，垂法後世，使亂臣賊子懼其貶責，而不敢肆行無忌。寓褒貶於賞罰❺，故曰「天子之事」。（《春秋要領・十》）

董生「以達王事而已矣」的話，就是據此而言的；太史公說：

---

❹ 二語本胡安國《春秋傳・序》。

❺ 謂《春秋》所記之賞罰，寓有褒貶之意。

孔子明王道，干七十餘君，莫能用；故西觀周室，論史記、舊聞，興於魯，而次《春秋》。上記隱，下至哀之獲麟。約其辭文，去其煩重，以制義法。王道備，人事浹。七十子之徒，口受其傳指；為有所刺譏褒諱挹損之文辭，不可以書見也。（《史記・十二諸侯年表序》）

「王道備，人事浹」，本於《春秋繁露・玉杯》「《春秋》論十二世之事，人道浹而王道備」，也是據此而言的。

從上舉的資料中，我們不難了解孔子作《春秋》的背景和本心，以及口傳《春秋》的用意，無庸贅述。至於《春秋》定是孔子的創作，絕非魯史之舊，從它上起隱公元年（當周平王四十九年，西元前七二二年），下至哀公獲麟之年（哀公十四年，當周敬王三十九年，西元前四八一年），二百四十二年時段的選擇，就可以一覽無遺；孔子說：

天下有道，則禮樂征伐自天子出；天下無道，則禮樂征伐自諸侯出。自諸侯出，蓋十世希不失矣；自大夫出，五世希不失矣；陪臣執國命，三世希不失矣。天下有道，則政不在大夫。（《論語・季氏》）

祿之去公室，五世矣！政逮於大夫，四世矣；故夫三桓之子孫微矣。（同前）

就周室說，平王東遷不久，正是「天下無道」，五霸迭起，「禮樂征伐自諸侯出」的時代。就魯國說，自隱公遇弒、莊公得位之後，政權遂落入三桓手中，到魯昭公三十二年，孟孫、叔孫、季孫三家共同伐公，公死在晉國的乾侯，史墨曾發「魯文公一薨，而東門遂殺適立庶，魯君於是乎失國，政在季氏，於此君也四公矣。民不知君，何以得國」的感歎❻；稍後季氏的大權又一度旁落家臣陽虎的手中，於是魯國又從政「自大夫出」而轉入「陪臣執國命」的形勢，瀕臨「三世希不失矣」的危急存亡之秋。這便是孔子急著「興於魯，而次《春秋》」的原因。很多學者因為《論語》載孔門師徒答問，從無一語談到《春秋》，而懷疑孔子「作」《春秋》的真實性。其實〈季氏〉篇記孔子所論，正是春秋一代世局演變的綱領，「實一部《春秋》之發凡起例」❼，已足夠說明他為救世而作《春秋》的苦心。太史公說：

> 依之違之，周公綏之。憤發文德，天下和之。輔翼成王，諸侯宗周。隱、桓之際，是獨何哉？三桓爭彊，魯乃不昌。嘉旦金縢，作〈魯周公世家〉第三。（《史記・太史公自序》）

早就指出隱、桓之交，是魯國由治而亂的轉捩點；表明那是《春秋》始於隱公的重要原因之一❽；

---

❻ 見《左傳・昭公三十二年》。

❼ 見顧棟高《春秋偶筆》。

而董生「是非二百四十二年之中」一語，得此補充，意義也就更為彰明昭著。史公對《春秋》的造詣之深，真是舉世無匹，不容忽視。

二、孔子用史體作《春秋》

孔子「我欲載之空言，不如見之於行事之深切著明」一語，見《春秋緯》。「空言」，當指並無實據而但憑思惟架構成的理論，《索隱》說：「空言，謂褒貶是非也。空立此文，而亂臣賊子懼也。」似未得其解。孔子作《春秋》，不願空談理論，而以真人實事為依據，使要表達的大義更為具體深刻而感人，故採取編寫史書的體制。

在孔子作成《春秋》以前，「春秋」本是史書的通稱；及魯國建國，又援為國史的專名。《國語・晉語・七》：

悼公與司馬侯升臺而望，曰：「樂夫？」對曰：「臨下之樂則樂矣，德義❾之樂則未也。」

---

❽ 另一原因，則為《春秋》道名分，隱公雖攝位十一年，始終無弒篡之心，謹守其本分，說在本書〈左氏前傳釋義〉，請參閱。

❾ 韋昭注：「善善為德，惡惡為義。」

公曰：「何謂德義？」對曰：「諸侯之為，日在君側；以其善行，以其惡戒，可謂德義矣。」公曰：「孰能？」對曰：「羊舌肸習於春秋。」乃召叔向（即肸），使傅太子彪。

《國語・楚語・上》，載申叔時答莊王問如何輔佐太子：

教之春秋，而為（使）之聳善而抑惡焉，以戒勸其心。

因為楚莊王死於魯宣公十八年，當西元前五九一年；晉悼公死於魯襄公十五年，當西元前五五八年，都在魯襄公二十二年（西元前五五一年）孔子出生之前，故知申叔時和司馬侯所說的「春秋」，泛指史籍。而在史籍名義下的「春秋」，具有善善惡惡，使人研習之後，內心知所警惕自勵的功能；這該是孔子援史作經的又一誘因。所以孟子說：

王者之迹熄而詩亡，詩亡然後春秋作：晉之《乘》、楚之《檮杌》、魯之《春秋》，一也。其事則齊桓、晉文，其文則史，孔子曰：「其義則丘竊取之矣。」（《孟子・離婁・下》）

詩具有美刺的作用。繼詩而起的「春秋」，仍泛指史籍，以其善善惡惡取代詩的美刺。魯之《春秋》，則是魯史的專名，故與《乘》及《檮杌》並稱。至於孔子私取的「義」，當然指舊史事、文之中聳善抑惡的寓義；好古敏求的孔子，把這種寓義納入自己編次的、也稱之為《春秋》的書中，並擴大其視野，推廣其範疇，作為全書的骨幹，使全書成為一個有機組織，即所有涉入的人、物、事件，都隨著褒貶正名的主題而發展。班固說孔子的「春秋」，因周禮的舊法，史記的遺文，「據行事，仍人道，因興以立功，就敗以成罰，假日月以定歷數，藉朝聘以正禮樂」❿，真是深中肯綮、萬古不移的定論。孔子就是運用這種手法，使原本以「事」為主的《春秋》脫胎換骨，轉化為以「義」為主的《春秋》，於是一史一經，截然二事，不可復合。

猶有進者，孔子襲取古史的名稱和體制作經，除了因利乘便，還有另一種用心，就是利用史書的體制為面紗，把不能明白吐露的褒貶大義之真貌，巧妙地掩蓋起來，令那些相關而有權威勢力的人，把它當作一本枯燥乏味的實錄，而忽略其中的諷諭。這一著果奏奇效，不僅瞞過了當代的人，也迷惑了不少後世的人。自唐高宗、玄宗時的劉知幾（西元六六一～七二一年），在他作的《史通・六家》篇中綜論史體，誤據相同的名稱和體制，把性質根本不同的孔子《春秋》，和前此記事的《春秋》，牽合成一個系統，稱之為「春秋家」；直到今天，仍有人站在史學的觀點來批判《春秋》。這不唯虛耗了個人的精力，也因為家法不明、部次不清，導致了《春秋》學的日益衰

❿ 見《漢書・藝文志》。

退。

三、《春秋》大義之所在

董生論《春秋》旨在「上明三王之道，下辨人事之紀」一節，是透過《公羊傳》和公羊家的口說而獲致的結語。若單就《春秋》經文查考，很難理出如此體大思精的架構。「弭亂世以正名，去邪偽以榜範」的《春秋》，是假借一些故事來表義的。但依序繫在年時月日之下的經文，只是那些故事的題目，題目中隱藏著褒貶大義；孔子授課的時候，就依照一個個的題目，到他的記憶之庫去調卷宣講。比如《春秋》開首的隱公元年是這樣記的：

元年，春，王正月。

三月，公及邾（《公羊》「邾」下有「婁」字）儀父盟于蔑（《公羊》、《穀梁》作「眛」）。

夏，五月，鄭伯克段于鄢。

秋，七月，天王使宰咺來歸惠公、仲子之賵。

九月，及宋人盟于宿。

冬，十有二月，祭伯來。

公子益師卒。

但憑這些零星的記事，無論就經學或史學的觀點研讀，都毫無道理可言。假若這天孔子正好講到「鄭伯克段」的那一條，他首先得補充說明整個事件的來龍去脈：鄭武公娶武姜，生莊公及共叔段。武姜愛段，屢次請武公立他為太子，公不許，於是當武公死後，武姜助段擴充勢力，竊據西方和北方的邊邑，蓄意和莊公爭位。群臣每遇段有過分的行動，就勸莊公制止；莊公不從，一直等得到段和武姜已定期偷襲都城的報告，才出兵討伐，最後親自在鄢邑把段擊敗，段出奔到鄭國北方的共國去⓫。

故事說完，孔子又把其中的正名大義告訴學生：段是莊公的同母弟，《春秋》稱「段」而不稱「弟」，是貶他不守弟道，空有弟之名而無弟之實，沒有做弟的資格。《春秋》本可把「鄭伯」的「伯」字略去而只稱「鄭」——對叛國的段，用國家的名義討伐就行了；他所以要稱「鄭伯」，是責備莊公對弟弟有失教導，只處心積慮養成段的過惡，再把他一舉消滅⓬。總之莊公與段，兄不成兄，弟不成弟，名實不合，所以同加譏貶⓭。

⓫ 見《左傳》。

⓬ 見《左傳》及《穀梁傳》。

⓭ 孫復說，見《春秋經傳發微》。

以上兩節說明，第一節採《左傳》之說。莊公十一年《左傳》說「得儁曰克」，則克是勉力致勝之詞。《公》、《穀》二傳則訓克為「殺」、為「能殺」，都說莊公把段殺了，與隱公十一年《左傳》所載莊公告許大夫百里「寡人有弟，不能和協，而使餬其口于四方」的話不合；《史記・衛世家》載：「（衛桓公）十三年（魯隱公元年），鄭伯弟段攻其兄，不勝，亡，而州吁求與之友。十六年（隱公四年），……州吁自立為衛君，為鄭伯弟段欲伐鄭，請宋、陳、蔡與俱。」亦證段並未死；故不取。第二節取三傳相通之義，而捨其異辭，以免糾紛。孔子既講解了《春秋》的書法和大義，似又曾和弟子討論過如何減輕這次人倫慘變的方法。所以《公羊傳》說：

> 母欲立之，已殺之；如勿與而已矣。

認為莊公不得已而殺段，不如交給臣子秉公處理，不必親自參與，就可以避免兄弟相殘。《穀梁傳》則說：

> 然則為鄭伯之道宜奈何？緩追逸賊，親親之道也。

認為段既敗走，只消慢慢作勢追趕，放他逃逸，不必殺他，就可保全親親之道了。而左氏卻別出蹊徑，依據史書，補述了一件後事：段出奔後，莊公把母親放逐到城潁，發誓不到黃泉，不再相見；但不久就天良發現，後悔無及，幸得潁考叔提供「闕地及泉，隧而相見」的妙計，破解誓言，終致母子二人天倫夢覺，和好如初⓮。

綜上所述，因為莊公未嘗殺段，《公》、《穀》之說就全部落空；雖然落空，但仍具有震盪我們腦力的功能，具有可貴的參考價值，不容輕言廢棄。最後段能出奔，也許是莊公有意放了他吧？至於《左傳》補記的溫馨，和孔子敘述的慘烈，恰成強烈的對比。在這對比之下，我們很容易體會，人如不守名分，亦即一個人不知道自己在社會團體中的定位，而不守本分，不盡自己的責任和義務，必然乖戾忿爭，甚至在一個家庭、在最親密的母子之間，也能發生倫常的悲劇；人唯有謹守名教，君君，臣臣，父父，子子，安分守己，居仁由義，如日、星在天，相引相攜，各循常軌，才能享受和諧幸福的人生。孔子作《春秋》的本意，就是在最近的二百四十二年間採集名教的樣品，提供一些活生生的事例，以他聖明的褒貶為指引，使世上的惡人知所警悟，不再為惡；使世上的善人得到鼓舞，見賢思齊。明白此理，我們想探索《春秋》大義之所在，就必須依據經文及三傳，抽絲剝繭，才能得其真象。

鄭樵《春秋傳》說：

⓮《左傳》云「遂為母子如初」，「初」當指叔段未專母愛之前，斯時武姜與莊公母子情深，出於天性。

三家之傳，各有所長，亦各有所短；取其長而捨其短，學者之事也。大抵有《公》、《穀》，然後知筆削之嚴；有《左氏》，然後知本末之詳；學者不可不兼也。

深得參讀三傳的要領。例如：

宣八年經：「冬，十月，己丑，葬我小君頃熊（《左傳》作敬嬴）；雨，不克葬。庚寅，日中而克葬。」

定十五年經：「（九月）丁巳，葬我君定公；雨，不克葬。戊午，日下昃，乃克葬。」

宣八年《公羊傳》合二經而解之：

「頃熊」者何？宣公之母也。「而」者何？難也。「乃」者何？難也。曷為或言「而」、或言「乃」？「乃」難乎「而」也。

頃熊和定公的葬期，都因雨拖延到次日，但定公到日昃（未時，今下午一時至三時）才下葬，比頃熊日中（午時，今上午十一時至下午一時）才下葬更為困難，故不用「而」而改用「乃」。為甚麼呢？何休注：「言『乃』者，內而深；言而者，外而淺。」原來孔子竟就二字發音部位的深淺，區分事情難易的程度，真做到他所說「君子於其言，無所苟而已矣」⓯的地步。又如：

莊三十二年經：「公子慶父如齊。」

《穀梁傳》：「此奔也，其曰『如』何也？諱莫如深，深則隱；苟有所見，莫如深也。」

《史記・魯世家》據莊三十二年及閔二年《左傳》，述慶父奔齊事最為詳明：

初，莊公築臺臨黨氏，見孟女，說而愛之，許立為夫人，割臂以盟。孟女生子斑（《左傳》作「般」）。斑長，說梁氏女，往觀，圉人犖自牆外與梁女戲。斑怒，鞭犖。莊公聞之，曰：「犖有力焉，遂殺之，是未可鞭而置也。」斑未得殺，會莊公有疾。莊公有三弟，長曰慶父，次曰叔牙，次曰季友。莊公娶齊女為夫人，曰哀姜。哀姜無子；哀姜娣曰叔姜，生子開。莊公無嗣，愛孟女，欲立其子斑。莊公病，而問嗣於弟叔牙，叔牙曰：「一繼一及，魯之常也。慶父在，可為嗣，君何憂？」莊公患叔牙欲立慶父，退而問季友，季友曰：「請

⓯ 見《論語・子路》。

以死立斑也。」莊公曰：「曩者叔牙欲立慶父，奈何？」季友以莊公命，命牙待於鍼巫氏，使鍼季劫牙以鴆，曰：「飲此，則有後奉祀；不然，死且無後。」牙飲鴆而死，魯立其子，為叔孫氏。八月，癸亥，莊公卒，季友竟立子斑為君，如莊公命。侍喪，舍于黨氏。先時，慶父與哀姜私通，欲立哀姜娣子開；及莊公卒，而季友立斑；十月，己未，慶父使圉人犖殺魯公子斑於黨氏，季友犇陳。慶父竟立莊公子開，是為湣（《左傳》作「閔」）公。

據此，慶父雖立閔公，仍不見容於國內，故奔齊暫避。鍾文烝《穀梁補注》說：「言《春秋》諱法，莫如文之幽深者，其諱最甚。如此經不言賊臣之『奔』，但言『如』，是諱文之幽深者。其文幽深，則其事微隱，如此經言『如』，為幽深之文，則奔事不著也。成九年《穀梁》傳曰：『為尊者諱恥，為賢者諱過，為親者諱疾。』閔公，尊且親也；賊臣出奔，恥、疾也；季子賢也，不能即討，過也；三者兼之矣。」《左傳》僖元年說：「諱國惡，禮也。」是說諱言國恥，是一種合乎禮義的行為。此經一個「如」字，諱盡如此多的國恥，書法之嚴，「非聖人，誰能脩之」⑯。

然而《春秋》經文，並不是條條可解的。有些三傳都有經而無傳，如：

桓二年：「滕子來朝。」

---

⑯ 見《左傳・成公十四年》。

莊二十三年：「冬，十有一月，曹伯射姑卒。」

僖七年：「公子友如齊。」

有些雖有傳而無關褒貶，大義不傳。如：

隱元年：「九月，及宋人盟于宿。」

《公羊傳》：「孰及之？內之微者也。」

《穀梁傳》：「及者何？內卑者也。宋人，外卑者也。卑者之盟不日。宿，邑名也。」

如把這種經文當史記看待，則事皆瑣碎，既與莊子所述「《春秋》以道名分」的宗旨不合，也與《史記》所載孔子「約其（指史記、舊聞）辭文，去其煩重」而作《春秋》的義法相違。類此的經文，我們與其郢書燕說⓱，寧可存而不論。

此外，三傳家法迥異，往往名目相同，但內容有別。如以《春秋》「上明三王之道」而言，《左傳》多記前言往行，以供後人參考；公、穀二家卻以張三世，存三統，異外內等口說為主。

⓱《日知錄・卷四・春秋闕疑之書》：「故今人學《春秋》之言，皆郢書燕說，而夫子不能逆料者也。」

《春秋》道名分，《左傳》多據禮義，論述君君、臣臣、父父、子子等人道之正；《公》、《穀》二傳多就經文字面，辨析名號物理之宜⓲。《春秋》寓「大義」於「微言」——微言指隱微精妙的言詞，大義指恆久不變的常道。《左傳》「以事翼經」，多詳舉事實以闡發「大義」，甚少解釋「微言」的本身，說明孔子「筆削之嚴」；《公》、《穀》則昧於事實，然剖析「微言」的本身，則頗有創獲。葉夢得《春秋傳・序》曾說：「《左氏》傳事不傳義，是以詳於史，而事未必實，以不知經故也。《公羊》、《穀梁》傳義不傳事，是以詳於經，而義未必當，以不知史故也。」若「義」指「微言」自身之義，這話是可通的（因為《左傳》中像隱元年「段不弟，故不言弟；如二君，故曰克」之類的話實在不多；《公》、《穀》中像僖二年詳敘晉假道以伐虢之類的事極為少見）；若指《春秋》的大義，則大謬而不然。胡安國說：「《左氏》敘事見本末，《公羊》、《穀梁》辭辨而義精。學經以傳為案，則當讀《左氏》；玩辭以義為主，則當習《公》、《穀》。」鄭樵說：「《公》、《穀》曰傳，而《左氏》則筆錄也；《公》、《穀》解經，而《左氏》則記事也。」皮錫瑞說：「《公羊》兼傳大義微言；《穀梁》不傳微言，但傳大義；《左傳》並不傳義，特以記事詳贍，有可以證《春秋》之義者。」都以為《左氏》不傳《春秋》，而以《公》、《穀》能得《春秋》大義，也有失公允，不可不辨。

⓲《春秋繁露・深察名號》：「《春秋》辨物之理以正其名，名物如其真，不失秋毫之末。故名霣石則後其五，言退鷁則先其六，聖人之謹於正名如此。」五石六鷁，見僖十六年經傳。

四、六經各有所長而《春秋》最近撥亂反正之道

《莊子・天下》論六經旨要云：

《詩》以道志，《書》以道事，《禮》以道行，《樂》以道和，《易》以道陰陽，《春秋》以道名分。

隱然有分六經為三耦的用意，故不以成書的先後為次。董生師承其說，《春秋繁露・玉杯》篇云：

《詩》、《書》序其志，《禮》、《樂》純其美，《易》、《春秋》明其知。六學皆大，而各有所長：《詩》道志，故長於質；《禮》制節，故長於文；《樂》詠德，故長於風；《書》著功，故長於事；《易》本天地，故長於數；《春秋》正是非，故長於治人。

與前述太史公所稱引的話相表裏，而文中明以《詩》、《書》為一耦，《禮》、《樂》為一耦，《易》、《春秋》為一耦。〈玉杯〉篇「《詩》道志，故長於質」、「《樂》詠德，故長於風」二語中，「質」、

「風」二字疑當互易。必須「《禮》制節，故長於文」、「《樂》詠德，故長於質」，文質彬彬，然後得「純其美」；且與史公所引「《詩》記山川谿谷……，故長於風」之語相合。

《易經》藉象數表明陰陽、剛柔複雜的感通變化，使人窮神知化，洞察事故的緣由、演變與結果，進而存誠勝邪，變通趣時，崇德安身。故〈繫辭〉傳云：

> 《易》之為書也，廣大悉備，有天道焉，有人道焉，有地道焉；兼三材而兩之，故六。六者，非它也，三材之道也。道有變動，故曰爻；爻有等，故曰物；物相雜，故曰文；文不當，故吉凶生焉。《易》之興也，其當殷之末世，周之盛德邪？當文王與紂之事邪？是故其辭危。危者使平，易者使傾，其道甚大，百物不廢，懼以終始，其要无咎，此之謂《易》之道也。

《易》與《春秋》之為書，一皆廣大悉備，有天道焉，有人道焉，有地道焉——《春秋》載日食三十六，彗星三見，星隕如雨一，地震五，山陵崩阤二，水、旱、饑、蝝、螽、螟雜沓並起，都是以反常為災的天地之道，來印證反德必亂的人道⓳。而且《易》與《春秋》二書，都是聖人基

⓳《左傳・宣公十五年》：「天反時為災，地反物為妖，民反德為亂。」

於憂患意識，發憤寫成的著作；這兩部書所講的道理，也是處處相通；無論治《易》而不明《春秋》，或治《春秋》而不明《易》，都會形成空疏而無底蘊的弊病。莊子所以把這兩部經書合為一耦，殿於六經之末，熊十力解說得極好。他在《原儒・上卷》中說：

孔子之道，內聖外王，其說具在《易》、《春秋》二經，餘經皆此二經之羽翼。《易經》備明內聖之道，而外王賅焉；《春秋》備明外王之道，而內聖賅焉。

明白這個道理，再加上我們對孔子作《春秋》動機的瞭解，那麼董生「撥亂世反之正，莫近於《春秋》」一語的意義，也就不言而喻了。

五、《春秋》意旨廣博而歸本於正名

《春秋》據二百四十二年間的歷史寫成，牽涉的範圍極廣。公羊家最善巧立名目：三科、九旨、五始、七等、六輔、二類、七缺等等，猥雜叢多，可惜不當孔子之意；然觀董生此文，知他未為所惑。「《春秋》文成數萬」云云，只是告訴我們《春秋》之中包羅著可褒、可貶的萬事萬物，含藏著孔子的千萬旨意。但他絕非教我們泛濫無歸地追究那一事一物的道理，而是指點我們去窮本溯源，探尋形成種種善惡的原因。所謂「察其所以，皆失其本已」，是董生對孔子觀察世亂所獲結論的體認，「本」指禮義——人所當守的本分而言。孔子見盛觀衰，以為天下的善事，是社會上各階層的人謹守本分做出來的；而惡事是不守本分（即失其本），違禮犯義做出來的。如就《春秋》以來的政局演變講，首先是周王的君不君，導致諸侯的臣不臣，於是禮樂征伐便出自諸侯了；其次是諸侯的君不君，導致大夫的臣不臣，於是陪臣便執國命了。在這由名分不正積漸而形成的亂局中，魯哀公二年，衛國又發生衛君輒繼承了祖父靈公的君位，拒父不納，典型的名不正、言不順的事情。七年輒想請孔子主持國政，子路問「衛君待子而為政，子將奚先？」夫子就脫口說出「必也，正名乎」的話來⑳。這無異是他想從根本處鍼砭時弊的宣言。「必也，正名乎」，是「如果非幹不可，那就從正名上著手吧」的意思，絕不能解作「一定要從正名上著手」；因為孔子根本就沒有幫助衛輒的打算㉑，這樣解，就變成孔子躍躍欲試的樣子了。後來孔子就本著這正名的信念，寫成他的《春秋》，垂法後世，彌補他終身不遇，不能行道的遺憾。歷來論述《春秋》要旨的話，如《荀子・儒效》「《春秋》言是其微也」、《禮記・經解》「屬辭比事，《春秋》教也」、董生「《春秋》辨是非」及「《春秋》以道義」、《法言・寡見》「說理者莫辨乎《春秋》」、《漢書・藝文

---

⑳ 事見《左傳・哀公二年》及《史記・孔子世家》。

㉑ 《論語・述而》：「冉有曰：『夫子為衛君乎？』子貢曰：『諾，吾將問之。』……出曰：『夫子不為也。』」夫子推崇仁讓，故知其不為。

志》「《春秋》以斷事」，俱各得其一體，都不如《莊子．天下》「《春秋》以道名分」中肯而具體。

六、《春秋》為禮義之根源，功在起敬絕惡

董生最後一段話，首先強調《春秋》乃禮義之根源，為人人必讀的偉大著作；其次論《春秋》的作用，說它能使人遇事謹慎，杜絕惡念，從根本上防止人欲的萌生。

要說明《春秋》的偉大，必須從三傳中詳舉例證，本文暫不論列，而直接敘述其作用。《大戴禮．禮察》篇說：

> 凡人之知，能見已然，不能見將然。禮者，禁于將然之前；而法者，禁于已然之後；是故法之用易見，而禮之所為至難知也。若夫慶賞以勸善，刑罰以懲惡，先王執此之正，堅如金石；行此之信，順如四時；處此之功，無私如天地爾；豈顧不用哉？然而曰：禮云禮云，貴絕惡于未萌，而起教于微眇，使民日徙善遠罪而不自知也。孔子曰：「聽訟，吾猶人也；必也，使無訟乎。」此之謂也。

所言與董生相合。

聽訟猶人，則與他人無異，但能聽其訟辭，判斷曲直是非而已；這是孔子不欲聽訟的表白。「必也，使無訟乎」，與「必也，正名乎」句法相同，是說假使一定得聽的話，他將曉以禮義，息其爭端，使人不再訴訟。故《潛夫論・德化》篇說：

> 是故上聖故不務治民事，而務治民心；故曰「聽訟，吾猶人也；必也，使無訟乎」。「導之以德，齊之以禮」，務原其情而明則務義；民親愛則無相害傷之意，動思義則無姦邪之心。夫若此者，非律之所使也，非威刑之所彊也；此乃教化之所致。

把孔子的意思，闡釋得非常透徹。

但是《春秋》是一部「道名分」的經典，為何又說它是「禮義之大宗」呢？因為人一旦得到父、子、君、臣之名，在社會上便有了定位，有了當守的本分。而做事時能謹守本分，居心方正平直，一舉一動都合乎事理之宜，該怎麼做就怎麼做，就叫作「義」；履「義」而行，或者合「義」的行為，就叫做「禮」，所以《左傳・桓公二年》載晉大夫師服之言：

> 夫名以制義，義以出禮，禮以體政，政以正民，是以政成而民聽，易則生亂。

據《史記・晉世家》，這議論發表於周宣王二十六年，西元前八〇二年，乃是孔子正名思想的根源；而《春秋》又是孔子基於正名思想寫成的，所以說《春秋》是「禮義之大宗」，非常合乎邏輯㉒。

孟子以為孔子作《春秋》，和大禹抑洪水、周公兼夷狄同功；並說「孔子成《春秋》而亂臣賊子懼」㉓。王夫之申論其言道：

孔子作《春秋》而亂臣賊子懼，非虛說也。春秋二百四十二年之間，弒君三十六，而遠國之不相通問者不與焉。《春秋》既成之後，以迄乎秦，弒君與父之事息矣。秦人焚書，而後胡亥死於趙高之手。自漢以來，《春秋》復傳，至今千五百餘年，弒君者唯王莽、蕭鸞、朱溫數賊而已（劉裕、蕭衍、郭威皆已篡而後弒，宦官、宮妾則本無知而陷於惡，其餘皆夷狄也）；然猶不敢稱兵而手刃。自非石宣、安慶緒、史懷義，以夷種而為盜賊，未有弒父者也。以戰國之糜爛瓦解，而田和、三晉之流敢於篡而不敢弒；以商鞅、魏冉、韓朋、田嬰、黃歇、呂不韋之狙詐無君，而今將之志伏不敢動；故有妾婦之小人，而無梟獍之大逆，其視哀、定以前，挾目送之情㉔，懷杯羹之恨，曾老畜之不若者㉕，已天淵矣。（《讀四書

㉒ 請參閱本書〈孔子「正名」考〉。

㉓ 見《孟子・滕文公・下》。

大全說・卷八》

揚雄說：

臣聞六經之治，貴於未亂；兵家之勝，貴於未戰；二者皆微。《漢書・匈奴傳》

以六經之治，皆貴於未亂，也極有理，但其他五經對後世的影響，都不若《春秋》之深遠；其功效，都不若《春秋》之昭著；實未能動搖董說的根本。

㉔ 宋督見孔父之妻於路，目逆而送之，遂殺孔父取其妻；宋殤公怒，遂弒之。事見《左傳》〈桓公元年〉、〈桓公二年〉。

㉕ 鄭靈公食大夫黿，召公子宋而弗與，宋怒，染指於鼎，嘗之而出。後與公子歸生謀弒君，歸生曰：「畜老，猶憚殺之，而況君乎？」卒為宋所脅，弒靈公。事見《左傳・宣公四年》。

孔子「正名」考

一、引言

《論語・子路》篇載：

子路曰：「衛君待子而為政，子將奚先？」

子曰：「必也，正名乎。」

子路曰：「有是哉，子之迂也！奚其正？」

子曰：「野哉，由也！君子於其所不知，蓋闕如也。名不正，則言不順；言不順，則事不成；事不成，則禮樂不興；禮樂不興，則刑罰不中；刑罰不中，則民無所措手足。故君子名之必可言也，言之必可行也。君子於其言，無所苟而已矣。」

這章經文，學者大多閑習成誦。其中衛君待子為政的事實，野哉由也的申斥，不知蓋闕的意義，前儒都已論定，無待贅述。但孔子所謂「正名」，究竟「名」何所指，異說紛陳，令人目眩心迷，難於取捨；於是「名不正，則言不順」以下，其訓解的真膺雜錯，也就不易決斷。所以對於夫子的「正名」，似仍有深入研究的必要。

二、舊解的詮次

釋「正名」：

所謂「名」，先秦諸子，皆以「形名」、「名實」之「名」為說：

《老子・二十一章》：「道之為物，惟恍惟惚。惚兮恍兮，其中有象。恍兮惚兮，其中有物。窈兮冥兮，其中有精。其精甚真，其中有信。自古及今，其名不去，以閱眾甫。吾何以知眾甫之然（王本作狀，據河上本、傅本改）哉？以此。」胡適說：「這一段論名的原起，與名的功用。

既有了法象，然後有物。有物之後，於是發生知識的問題。人所以能知物，只為每物有一些精純的物德，最足代表那物的本性，(《說文》：「精，擇也。」擇其特異之物德，故謂之精。真字古訓誠、訓天、訓身。能代表此物的特性，故謂之真。）即所謂「其中有精，其精甚真，其中有信」。這些物德，如雪的寒與白，如人的形體官能，都是極可靠的知識上的信物。故說：「其中有信。」(《說文》：「信，誠也。」又古謂符節為信。）這些信物都包括在那物的「名」裏面，如說「人」，便可代表人的一切表德；說「雪」，便可代表雪的一切德性，個體的事物儘管生死存滅，那事物的類名，卻永遠存在。人生人死，而「人」名常在；雪落雪消，而「雪」名永存。故說：「自古及今，其名不去，以閱眾甫。」眾甫即是萬物。又說：「吾何以知其然哉？以此。」此字指「名」。我們所以能知萬物，多靠名的作用。」❶申述得極為透徹。後世所謂的「形」，即老子所說的「象」；「實」，即老子所說的「物」了。

《莊子．天道》：「是故古之明大道者，先明天，而道德次之；道德已明，而仁義次之；仁義已明，而分守次之；分守已明，而形名次之。」又〈至樂〉：「名止於實，義設於適，是之謂條達而福持。」

《管子．九守》：「修名而督實，按實而定名。名實相生，反相為情。名實當則治，不當則

❶ 見《中國古代哲學史．第一冊．第三篇》。

亂。名生於實，實生於德，德生於理，理生於智，智生於當。」

《尹文子・大道・上》：「大道無形，稱器有名。名也者，正形者也。形正由名，則名不可差；故仲尼云『必也正名乎，名不正則言不順』也。」

《荀子・正名》：「制名以指實，上以明貴賤，下以辨同異。貴賤明，同異別，如是則志無不喻之患，事無困廢之禍，此所為有名也。」

《公孫龍子・名實》：「夫名，實謂也。知此之非此也，知此之不在此也，則不謂也。」

《呂氏春秋・先識覽》：「名正則治，名喪則亂。使名喪者，淫說也。淫說則可不可而然不然，是不是而非不非。故君子之說也，足以言賢者之實，不肖者之充（充亦實也）而已矣；足以喻治之所悖（盛貌），亂之所由起而已矣；足以知物之情，人之所獲以生而已矣。凡亂者，刑名不當也。」

《呂氏春秋・審分覽》：「按其實而審其名，以求其情；聽其言而察其類，無使放悖。夫名多不當其實，而事多不當其用者，故人主不可以不審名分也。……今有人於此，求牛則名馬，求馬則名牛，所求必不得矣。而因用威怒，有司必誹怨矣，牛馬必擾亂矣。百官，眾有司也；萬物，群牛馬也。不正其名，不分其職，而數用刑罰，亂莫大焉。故名不正則人主憂勞勤苦，而官職煩亂悖逆矣。」

入漢以後，各家漸把「名」的概念範圍縮小，用作名目或稱說的意思，與古訓有異。

《韓詩外傳・卷五》：「孔子侍坐於季孫，季孫之宰通曰：『君使人假馬，其與之乎？』孔子曰：『吾聞：君取於臣謂之取，不曰假。』季孫悟，告宰通曰：『今以往，君有取謂之「取」，無曰「假」。』孔子曰：『正「假馬」之言，而君臣之義定矣。』《論語》曰『必也正名乎』，《詩》曰君子『無易由言』。」

《春秋繁露・深察名號》篇：「《春秋》辨物之理以正其名，名物如其真，不失秋毫之末。故名霣石則後其五，言退鷁則先其六，聖人之謹於正名如此。君子於其言，無所苟而已。五石六鷁之辭是也。」

《漢書・王莽傳》：「臨有兄而稱太子，名不正。宣尼公曰：名不正則言不順，至於刑罰不中，民無所措手足。」

《韓詩外傳》和《漢書》所言，皆謂名目；《繁露》以「名霣石則後其五」、「言退鷁則先其六」為正名，則名是稱說之意。

至於歷代注家訓解，約可歸為三類：

1.正名實

馬融說：「正百事之名也。」正百事之名，即使所有的名，皆副其實，是正名實的意思。所以《論語集註》說：「是時出公不父其父而禰其祖（新安陳氏曰：蒯聵欲入君衛，而輒拒之，是不父其父。父廟曰禰，輒繼靈公，是禰其祖。胡廣《論語集註大全》引），名實紊矣；故夫子以正名為先。」蔡清《論語蒙引》引饒氏說：「事事皆要正名，君君、臣臣、父父、子子，固是正名中之大者也。」

2.正文字

鄭玄說：「正名，謂正書字也。古者曰名，今世曰字。《禮記》曰：『百名以上書於策。』孔子見時教不行，故欲正其文字之誤。」臧庸說：「孔子書字，必從保氏所掌古文為正。病時不行，故衛君待子為政，而子以是為先也。」❷

3.正名分

蔡清《論語蒙引》：「此名是名分之名。溫公謂『禮莫大於分，分莫大於名』是也。孔子告齊景公曰：『君君、臣臣、父父、子子。』此正名之說也。」

那麼孔子想正的，到底是那一種「名」呢？

釋「名不正，則言不順；言不順，則事不成」：

《論語集註》說：「楊氏曰：名不當其實，則言不順。言不順，則無以考其實，而事不成。」

《論語集註大全》說：「新安陳氏曰：《集註》於『正名』、『名不正』，凡三以『實』字言。前云『名實紊』，此云『名不當其實』，又云『無以考其實』。蓋名當其實則名正，名實紊則名不

---

❷ 見《拜經堂文集》。

正。名者實之賓，實者名之主也。實字於名最緊切。」

這是名實派學者的注解。

臧庸說：「名不正則言不順：言者，句也。文字不正，則書句皆不順。顛倒是非，故事不成而禮樂刑罰皆失，其弊至於民無所措手足。」

這是正文字派學者的說辭。

張居正《論語直解》說：「孔子告子路說：吾之所以欲先正名者豈迂哉？蓋以為政必名分先正，而後百凡施為，皆有條理。若使名有不正，則發號施令，必然有礙而言不順矣。言不順，則所為之事，如何得成？」

這又是正名分派學者的演繹。

那麼三派的是非，應如何論定呢？

釋「事不成，則禮樂不興；禮樂不興，則刑罰不中；刑罰不中，則民無所措手足」：

《論語集解》說：「孔曰（皇本曰苞氏曰）：禮以安上，樂以移風，二者不行，則有淫刑濫罰。」

《論語集註》說：「范氏曰：事得其序之謂禮，物得其和之謂樂。事不成則無序而不和，故禮樂不興。禮樂不興，則施之政事皆失其道，故刑罰不中。」

《論語集註大全》：「朱子曰：『事不成，以事言。禮樂不興，以理言。蓋事不成，則事上面都無道理了，說甚禮樂？』『大凡事，須要節之以禮，和之以樂。事若不成，則禮樂無安頓處。禮樂不興，則無序不和；如此，刑罰安得不顛倒？』吳氏曰：『此禮樂非玉帛鐘鼓之謂，事事物物得其理而後和之謂也。名不正，言不順，則事物之間顛倒乖戾，禮樂何由而起乎？事失其理而不和，故慶賞刑威無一中節。獨言刑罰者，賞過則濫，利及小人；刑過則淫，禍及君子；舉其害之重者言之。刑罰所及非不善之人，則民莫知趨避之路矣，將安所置其手足乎？自名不正，推而至於民無所措手足，聖人洞燭事情，深達治體如此！』」

《論語直解》說：「事不成則必然無序而不和，禮樂如何可興？禮樂不興，則法度乖張，小人得以倖免，君子反罹於罪，刑罰如何可中？刑罰不中，則民莫知所趨避，而無安身之地，何所措其手足？」

李塨《論語傳注》說：「父子之名不正，則不可言，不可行，而事皆無成，如之何為政？事不成則秩序紊，乖戾行，故禮樂不興。於是不中不和，故刑罰不中。」

黃式三《論語後案》說：「治國者不正一家父子之名，而欲正一國之父子，無諸己而求諸人，言之則一己多忌諱之私，而事亦阻窒而不成矣。禮樂刑罰，事之大也。禮莫大於父子之序，樂莫大於父子之和，刑罰莫大於不孝。三者失而事之不成甚矣。」

關於這節經文的詮釋，孔說辭義晦澀，孤立無援；其他各家，都宗范氏。但范氏把專門節度人類身心的禮樂，委諸事物；把事關政刑、形下的禮樂，皮傅〈樂記〉「禮者，天地之別也」，「樂者，天地之和也」的話，說成了形上的禮樂，錯誤極其顯明。後儒何以竟以訛傳訛，奉為律令，很使人費解。關於這一點，下文有進一步的說明。

釋「故君子名之必可言也，言之必可行也。君子於其言，無所苟而已矣」：

《論語集解》說：「王曰：『所名之事，必可得而明言。所言之事，必可得而遵行。』」

《論語集註大全》：「程子曰：『名實相須，一事苟，則其餘皆苟矣。』新安陳氏曰：『名，指名之言。實，指可行言，謂行事之實也。一事苟，謂言之苟。其餘皆苟，謂事不成，禮樂不興，刑罰不中也。』」

張栻《癸巳論語解》：「凡在天地間，洪纖高下，是非美惡，有其物，有其事，則有其名；蓋理之所定也。名之不正，則洪纖高下失其倫，是非美惡紊其宜，言之斯不順矣。言之不順，則咈於人心，而人莫之服，事之所以不成也。事不成則失其序而不和，禮樂之所以不興也。禮樂不興，則必至於從事於刑罰以強人之從己，則刑罰不中而民無所措手足矣。名之不正，其弊蓋至此。若夫君子，則其名必可言，其言必可行，未嘗有所苟；以其正名為先故耳。」

上舉諸說，王氏了無新義，可以不論。程子所言，最為精要，但他的意思，完全被陳氏曲解了，我們應從張栻的話裏去體會。一事苟，當謂名之苟，而非言之苟。張氏這段話，以筆者的淺見，除了「事不成則失其序而不和」以至「民無所措手足」一節，沿襲了范氏的錯誤，其餘最能發明孔子的大義。

三、源流的考索

事實上，孔子這一番議論，是「述而不作」，前有所承。後儒只因不揣其本，才會各逞異辭，無所折衷。桓公二年《左傳》載：

> 初，晉穆侯之夫人姜氏，以條之役生大子，命之曰仇；其弟以千畝之戰生，命之曰成師。師服曰：「異哉，君之名子也！夫名以制義，義以出禮，禮以體政，政以正民。是以政成而民聽，易則生亂。嘉耦曰妃，怨耦曰仇，古之命也。今君命太子曰仇，弟曰成師，始兆亂矣，兄其替乎？」

晉大夫師服所謂「夫名以制義」以至「易則生亂」，就是孔子正名說的根源了。師服這幾句話，《漢書．五行志》曾加引述，所以杜預《春秋經傳集解》和顏師古《漢書注》都有注解，但都注得很簡略，今試逐句補釋於下：

「名以制義」：

《集解》：「名之必可言也。」很有引孔子語，轉相發明的意思；但是終因體認不深，難以為繼。

師服所謂的「名」，乃名實之「名」，指萬事萬物的稱號而言。命名的目的，在於別同異，明貴賤。對於物，在充分代表此物之所以為此物之要素或概念，充分表明此物的本性或特質。其方法是「按實而定名」❸，其要義是「名止於實」❹，「名物如其真，不失秋毫之末」❺，務使此名足以副其實。對於人，則在依其在社會上身分地位的稱號，示以應享的權利，告以當盡的義務。其方法是「義設於適」❻；其要義是「修名而督實」❼，務使此實足以副其名——譬如孔子說：「君君、臣臣、父父、子子。」上面的君臣父子四個字謂其實，下面的謂其名，是說有君臣父子

❸ 見《管子・九守》。
❹ 見《莊子・至樂》。
❺ 見《春秋繁露・深察名號》。
❻ 同❹。
❼ 同❸。

之實，就該享其分內的權利，盡其當盡的義務，以副君臣父子之名。

總之，無論「名物如其真」也好，「修名而督實」也好，都在本於自然，因乎人情，制定如斯而宜的義理，建立是非善惡的標準。所以說「名以制義」——名是用以制定義理的。至於師古注〈五行志〉，說「先制義理，然後立名」，就注得本末顛倒，盡失本義了。

「義以出禮」：

《集解》：「禮由義出。」出是出生，也是制定的意思。何謂禮？《荀子·大略》篇說：「禮者，人之所履也。」所履踐的是甚麼呢？那就是義，就是道理了。所以，第一，人的行為合乎道理就叫做禮。隱公十一年《左傳》說：「君子謂：『鄭莊公於是乎有禮。禮，經國家，定社稷，序人民，利後嗣者也。許無刑而伐之，服而舍（通「捨」）之，度德而處之，量力而行之，相時而動，無累後人，可謂知禮矣。』」君子讚莊公「有禮」，是因為莊公從齊僖公伐許，雖暫時占領許地，並不作永久兼併的打算，他的行為合乎道理；讚莊公「知禮」，是因為莊公明白道理，不事強求，能依據道理行事。第二，按照法度行事也叫做禮。僖公四年《左傳》說：「許穆公卒于師，葬之以侯，禮也。凡諸侯薨于朝會，加一等；死王事，加二等。」許君本是男爵，從齊桓公伐楚，責其不向天子進貢包茅，是死於王事，所以依法加二等，以公侯禮葬他。第三，擴而言之，一切的法度也叫做禮。桓公二年《左傳》說：「凡公行，告于宗廟。反行，飲至，舍爵策勳焉。禮也。」因為法度也是據義理而制定的。

既然履義而行謂之禮，當然是先有義而後有禮，禮是由義產生的。反過來說，就是所謂「義以出禮」——義是用以制定禮法的。〈禮運〉說「禮也者，義之實也。協諸義而協，則禮雖先王未之有，可以義起也」，亦本此意。師古注〈五行志〉說「義理既定，禮由之出」，就不錯了。

「禮以體政」：

《集解》：「政以禮成。」按：體，《說文》訓「總十二屬也」。段注以為首之屬有三，曰頂，曰面，曰頤；身之屬三，曰肩，曰脊，曰尻；手之屬三，曰厷，曰臂，曰手；足之屬三，曰股，曰脛，曰足。那麼「體」本是四肢百骸的總稱，是一個名詞。但照上下文看來，這句話裏的「體」字，應該作動詞用，引申作「組成」講；因為「制」、「出」、「正」都是動詞，而「體」是由四肢百骸所組成的。所謂「禮以體政」，是說禮是用以組成政令的東西；也是說政令是依據禮法組成的。

政令本指一切的政教號令而言，範圍很廣泛，意義很抽象，我們可以用較為具體的法律為代表，加以說明。

大家都知道有一部《六法全書》，可是莫說六法的條文少有人知；即使曉得憲、刑、民、商、刑事訴訟、民事訴訟六法之名的，恐怕也不多見。然而大家都能自由自在地安居樂業，沒有身陷囹圄；正因為法律是依禮義制定的，我們雖非依法行事，卻是依禮行事的緣故。

「政以正民」：

這句話《集解》無說。《管子》說得好：「正者，所以止過而逮不及也。」❽據此，正應作導正解，是輔導糾正的意思。所謂「政以正民」，是說政令是用以輔導或糾正人民的東西。人民不懂禮義，用政教輔導他，使他不要違背禮義；人民違背禮義，用刑罰糾正他，使他改過遷善。所以師古注〈五行志〉說：「政以禮成，俗所以正。」

「是以政成而民聽，易則生亂」：

《集解》：「反易禮義則亂生也。」以「反易」說「易」，反易就是違背的意思。師服這兩句話，是說合乎禮義的政令形成，人民自然聽從。因為他們既已依禮行事，就能不違政令；何況這政令足以保障他們的權益，而無害於他們的自由，根本就沒有反對的必要。可是反過來說，政令如和禮義相違，那麼人民只依禮義而行，必然舉手投足都會觸法犯禁，慘遭非刑。日子短，也許忍受過去；時間長，忍無可忍，當然要群起反抗，發生叛亂了。

由此看來，命名最初雖然只關係到一人一物，但影響所及，卻牽涉到生民的福祉，天下的治

---

❽見《管子．法法》。

亂。除了聖人，誰能洞燭幾微，有見於此呢？師服的話，以《管子・心術》闡述得最為深切：「義者，謂各處其宜也。禮者，因人之情，緣義之理，而為之節文者也。故禮者，謂有理也——理也者，明分以諭義之意也。故禮出乎義，義出乎理，理因乎宜者也。」歷代的注疏，尚無出其右者。

四、經義的蠡測

孔子「名不正，則言不順；言不順，則事不成」這兩句話，是據師服「名以制義」之語說的。

「名不正」，謂名不當其實。因為這句話前有所承，所以雖然包括書字不正、名分不正等意思在內，卻絕不可只作書字不正，或名分不正講。名實不符，齊景公所說的「君不君、臣不臣、父不父、子不子」便是一例——上面的君、臣、父、子四字並謂其實，指事實上身為君、臣、父、子之人。下面的君、臣、父、子四字皆謂其名。身為君、臣、父、子的人而不能如其名義，盡其為君、為臣、為父、為子之道，那就是「名不正」了。

那麼何以「名不正，則言不順；言不順，則事不成」呢？因為「名以制義」，名不正，則「可不可而然不然，是不是而非不非」[9]，完全不合道理。既不合道理，言之如何可順？言猶不可得順，則「志必有不喻之患，而事必有困廢之禍」❿，其事如何可成？這道理是非常簡單的。

孔子「事不成，則禮樂不興」這句話，是據師服「義以出禮」之語說的。

事不成，由於不合義。禮是據義制定的，既然無義，當然禮就無由產生了。

孔子曾對子張說：「爾以為必鋪几筵，升降酌，獻酬酢，然後謂之禮乎？爾以為必行綴兆（高師仲華說：『綴兆指舞樂之位，綴表行列，兆謂進退所至。』⓫），興羽籥，作鐘鼓，然後謂之樂乎？言而履之，禮也。行而樂之，樂也。君子力此二者，以南面而立，夫是以天下太平也。」⓬言而履之，謂言之合義而切實履行。行而樂之，謂履義行禮而心懷喜樂。這是禮樂的根本。就其根本而言，樂動於內，禮動於外。禮以治躬，樂以治心。無樂，則姦邪之心生於內；無禮，則暴慢之行施於外。禮和樂，實在是表裏不可分的。

〈樂記〉說：「故鐘鼓管磬，羽籥干戚，樂之器也；屈伸俯仰，綴兆舒疾，樂之文也。簠簋俎豆，制度文章，禮之器也；升降上下，周還裼襲（《說文通訓定聲》說：『裼，凡澤衣（浩按：

---

❾ 見《呂氏春秋・先識》。

❿ 見《荀子・正名》。

⓫ 見所著《禮學新探・原禮》。

⓬ 見《禮記・仲尼燕居》。

即內衣）之上，冬則加裘。裘上必有衣，謂之裼衣。裼衣之外，又有正服，皆同色。非盛禮，則以見美為敬，開其正服之前衿，見裼衣，謂之裼。當盛禮，則又以充美為敬，不露裼衣，謂之襲。』），禮之文也。」又說：「樂者，非謂黃鐘大呂、弦歌干揚也，樂之末節也，故童者舞之。鋪筵席，陳尊俎，列籩豆，以升降為禮者，禮之末節也，故有司掌之。」器與文，是禮樂的末節。但就此末節而言，鐘鼓之樂音，干戚之舞容，實所以齊人心之喜怒，制禮文之常度，也是相輔相成，不可偏廢的。

這就是師服只言禮，孔子卻並言禮、樂的道理。〈樂記〉說：「禮節民心，樂和民聲，政以行之，刑以防之。禮樂政刑，四達而不悖，則王道備矣。」那麼禮樂不唯不可分，又與政刑同屬王道之基。禮樂的本質既然為此，范氏卻把人拋開，從事物上去講禮樂。自然是皮傅之談，不當經義。

孔子「禮樂不興，則刑罰不中」這句話，是據師服「禮以體政」之語說的。

《後漢書・梁統傳》說：「孔子曰：『刑罰不衷（按：與中通）則人無所措手足。』衷之為言，不輕不重之謂也。」深得「中」字之義。

刑罰本包含在政令裏，是政令的一部分。政令既然要依照禮樂制定，那麼禮樂不興，刑罰就失去準據，必致該輕罰的重罰，該重罰的輕罰；甚至於該罰的不罰，不該罰的卻罰了。

最後，孔子所說的「刑罰不中，則民無所措手足」，可作為師服「是以政成而民聽，易則生亂」一語的注腳。

前文說過，政令違反禮義，人民舉手投足，都會觸法犯禁；為了免蹈法網，起初必然會惶恐度日，手足無措；及至忍無可忍，就要聚眾作亂了。

孔子既把師服的意思反轉來闡述一遍，又引申道：「故君子名之必可言也，言之必可行也。君子於其言，無所苟而已矣。」「名之」是「命之」的意思。名之而止於實，如其真，自然可暢所欲言。言之而合乎義禮，自然可行之無礙。因此，必使名當其實，言無所苟，才能成為君子。

正名之義這樣廣大精微，難怪高才如子路者都不能立即領會，要以夫子為迂了。

五、結　論

基於以上的瞭解，則《論語》「正名」的舊注，應以馬融之說為得其真；《蒙引》引饒氏說，也補充得很精要。「名不正，則言不順；言不順，則事不成」，《集註》引楊氏「名不當其實，則言不順」，《大全》引陳氏「名者實之賓，實者名之主也。實字於名最緊切」，都說得不錯；但不及《呂覽·先識》與張栻《癸巳論語解》所講的透闢。程子說：「名實相須，一事苟，則其餘皆苟矣。」「一事苟」謂名之苟；「其餘皆苟」，則謂所言、所行皆苟；也深得夫子「故君子名之必可言也」一節的精義。此外，前儒除了有關「刑罰不中，則民無所措手足」的注釋，還差強人意，其餘的都乏善可陳。

前賢想把正名之說，歸本於師服的企圖，不是沒有。杜預《集解》引「名之必可言也」，注「名以制義」；張其淦《左傳禮說》謂「左氏之傳，與孔子之言，若合符節」，似乎都有此意，可惜他們也許未加深考，也許震於孔子「至聖」之名，都未作成定論。

據《史記・晉世家》，成師生於晉穆侯十年，當周宣王二十六年，西元前八〇二年。又據《史記・孔子世家》，子路問「衛君待子而為政，子將奚先」，在魯哀公七年，當周敬王三十二年，西元前四八八年。師服之說，竟早於孔子三百一十五年。

師服很精微地從正面立說，孔子極巧妙地從反面闡述。這一番議論，必須正反相合，才能義理完備，光大久遠。所以師服雖具開創之功，孔子也有輔翼之力，二聖之言，俱不可廢，同垂不朽。

我國先秦兩漢思想家，無有不受正名學說影響的；但是其中有些直接祖述師服，如孔子、管子、韓非是（《韓非子・揚權》篇「使名自命，令事自定」之言，「枝大本小」之喻，皆本桓二年《左傳》師服語，故《史記・晉世家》述傳，則說：「晉人師服曰：『異哉，君之命子也！太子曰仇，仇者，讎也。少子曰成師，成師，大號成之者也。名自命也，物自定也。今適庶名反逆，此後晉其能毋亂乎？』」）。有些間接師承孔子，如尹文、韓嬰、班固等是。胡適說：「自從孔子提出『正名』的問題之後，古代哲學家都受了這種學說的影響。以後如荀子的『正名論』，法家的『正名論』，不用說了。即如墨子的名學，便是正名論的反響。楊朱的『名無實，實無名』，也是這種學說的反動。我們簡直可以說孔子的正名主義，實是中國名學的始祖，正如希臘梭格拉底的『概念說』，是希臘名學的始祖。」⓭所論「正名」學說在名學上的影響，是不錯的；但以孔子為中國名學的始祖，就失考了。

由於《左傳》的記載，我們才確知孔子實基於師服「正名」之一念，而作成了他的《春秋》；才肯定莊子「《春秋》以道名分」的說法，不可移易。只是孔子把正名的焦點，聚在「正名分」上，因而齊景公問政，他告以「君君，臣臣，父父，子子」；子路問為政奚先，他又告以「正名」。關於孔子的「正名分」，三傳唯《左氏》能得其根本，是以獨對《春秋》的褒貶大義，一準諸禮，以「禮也」、「非禮也」為論斷。而且桓二年這段傳文，既為韓非援引，作為審合形名的基礎；太史公又糅合左、韓，變造成〈晉世家〉上那段文字；也足證《左傳》書成先秦之世，遠在《公》、《穀》之前。但胡適卻說：「論《春秋》的真意，應該研究《公羊傳》和《穀梁傳》，晚出的《左傳》最沒有用，我不主張『今文』，也不主張『古文』，單就《春秋》而論，似乎應該如此主張。」⓮但說「似乎應該如此主張」，似嫌主觀了一些。

⓭ 見所著《中國古代哲學史・第一冊・第四篇・第一章》。

⓮ 同⓭。

左氏前傳釋義

「左氏前傳」，指隱公元年《春秋》之前的一小段《左傳》傳文而言。這段傳文，辭句簡約，陳義隱微，加上東漢以來注家臆說曲解之流行，幾於積非勝是，久使事實的本相堙曖失真。本文將以《史記・魯世家》述傳之辭為準據，其方式是先將前傳析為兩節，逐節之下，附以〈世家〉之文，然後作重點性之疏證。其目的則在斠正前儒訓解的譌誤，而明事實之真象；附帶地，再據這段傳文，尋繹《春秋》始於隱公的緣由。

一

前傳：「惠公元妃孟子。孟子卒，繼室以聲子，生隱公。」

〈魯世家〉：「惠公卒，長庶子息，攝當國，行君事，是為隱公。初惠公適夫人無子，公賤妾聲子生息。」

在這一節裏，先討論隱公之名，及他和聲子原有的身分。「攝當國」事，留待下文敘述。〈魯世家〉凡四稱隱公之名，都謂之「息」；而〈十二諸侯年表〉，則謂之「息姑」，《史記索隱》、《左傳》疏及釋文、《穀梁．首篇疏》、〈魯頌〉疏、〈曾子問〉疏引《世本》同。梁玉繩《史記志疑》說：「『息』下缺『姑』字，今本脫之。」今考《史記》諸本，〈世家〉無作息姑者，諸書所引，蓋據《世本》、〈年表〉增補。顧炎武云：古人二名，止用一字，晉侯重耳之名見於經，而定四年傳祝佗述踐土之盟，其載書止曰「晉重」；昭二年經云：「莒展輿出奔吳」，《左傳》曰「莒展之不立」；〈晉語〉，曹僖負羈稱叔振鐸為「先君叔振」❶。周法高申其說曰：「《史記》中，此例甚多，今約舉之：魯隱公名，〈十二諸侯年表〉作『息姑』，而〈魯世家〉云：惠公卒，長庶子息攝當國，是為隱公。只稱『息』。閔公本名啟方，〈十二諸侯年表〉及〈世家〉，皆只云『名開』。（漢人避景帝諱，故改啟曰開。）梁氏玉繩校《史記》，乃云息姑脫姑字，開當作開方。此梁氏未知有省名之例耳。」❷此不易之論。〈太史公自序〉，亦稱左丘明為「左丘」，同屬一例，乃鄧名世

❶ 《原抄本日知錄．卷二十四》。

❷ 《中國古代語法稱代篇》。

《古今姓氏書辨證》，據以為「左丘」複姓；俞正燮《癸巳類稿》非之，又造為左其官，丘其姓之謬說，真可謂彌離其本了。

〈世家〉以惠公夫人孟子無子，息為長庶子，未詳所本。然昭二十六年傳：「昔先王之命曰：『王后無適，則擇立長。年鈞以德，德鈞以卜。』」諸侯自亦如是。惠公薨，太子少（見隱公元年傳），國人立長以攝，則隱公為長庶子，應無可疑。

《左傳》「繼室以聲子」，杜注：「元妃死，則次妃攝治內事；猶不得稱夫人，故謂之繼室也。」則聲子本為惠公「次妃」，位甚尊貴；〈世家〉稱之為「公賤妾聲子」，似有未合。其實杜注整條是錯誤的：

第一，杜氏把「繼室」當作名詞看待，於是「繼室以聲子」，就成為一個「名詞＋以＋名詞」缺少動詞的句型；勉強把它解作「以聲子為繼室」，又不免增字注經的嫌疑。且據襄二十三年傳：「初臧宣叔娶于鑄，生賈及為而死，繼室以甚姪。」那麼大夫也有「繼室」，淆亂君臣之分，恐無是理。鄙意以為，「繼室」絕非名詞，而係「詞結」：「繼」為動詞；「室」與桓六年傳「今受室以歸」、十八年傳「女有家，男有室」、〈曲禮〉「三十曰壯，有室」之「室」同意，即妻之代稱，是上下通用的一個名詞。「繼室以聲子」，乃「以聲子繼室」的倒裝句，是「以聲子繼其妻」的意思；「繼室以其姪」，也是「以其姪繼其妻」的意思。昭公二年，晉平公娶齊女少姜為妾，迎以始嫡夫人禮。有寵，平公謂之「少齊」，不料當年七月少姜就死了。次年正月，鄭卿游吉如晉送葬，

《左傳》記道：

鄭游吉如晉，送少姜之葬。梁丙與張趯見之。梁丙曰：「甚矣哉，子之為此來也！」子大叔（按：即游吉）曰：「將得已乎？昔文、襄之霸也，其務不煩諸侯，令諸侯三歲而聘，五歲而朝，有事而會，不協而盟。君薨，大夫弔，卿共葬事。夫人，士弔，大夫送葬。足以昭禮、命事、謀闕而已，無加命矣。今嬖寵之喪，不敢擇位，而數於守適。唯懼獲戾，豈敢憚煩？少姜有寵而死，齊必繼室。今茲吾又將來賀，不唯此行也。」

末尾「齊必繼室」這句話，例以「繼室以聲子」、「繼室以其姪」之句型，應是「齊必繼室以他女」的省略，是說齊侯必以他女嫁給平公，以繼少姜之位。如果「繼室」是名詞，就不能放在副詞「必」下使用；而且下傳又說：「齊侯使晏嬰請繼室於晉。」「請繼室」，謂請以他女嫁給晉侯，以繼少姜之位。如把「繼室」用作名詞，就變成齊侯使晏嬰到晉國請求娶個「繼室」回去，完全顛倒了事實。這是「繼室」不能作名詞用的鐵證。

第二，杜氏以為元妃死，必以次妃為「繼室」。這一點，從少姜卒，齊仍以「請繼室」為言，要在晉侯嬪妃之外，致女以繼；那麼元妃死，顯然不一定以次妃為「繼室」。史公十歲誦古文，且去古未遠，多從左氏先師問故，其說聲子為惠公賤妾，當有所本；梁玉繩竟執杜注而攻史公：「聲子是繼室，何云賤妾！」實是犯了本末倒置，以今說古之病。

雖然惠公以聲子繼其室，但是並不表示即以聲子為夫人孟子的接班人，從此不能再立夫人。因為春秋時代，諸侯是可以一再立夫人的。如晉獻公娶於賈，後又以驪姬為夫人，見莊二十八、僖四年傳；齊桓公之夫人三，曰王姬、徐嬴、蔡姬，見僖十七年傳；是最顯著的例子。桓夫人中的王姬，竟是周莊王之女；獻公欲立驪姬，事先雖然卜人以龜諫❸，卻未聞以禮諫。所謂「諸侯不再娶」，倘非一種理想，至少是一條未受尊重的禮文。所以史公「公賤妾聲子」的說法，我們自應採信。

> 前傳：「宋武公生仲子，仲子生而有文在其手，曰：『為魯夫人。』故仲子歸于我。生桓公而惠公薨，是以隱公立而奉之。」
>
> 〈魯世家〉：「息長，為娶於宋。宋女至而好，惠公奪而自妻之，生子允。登宋女為夫人，以允為大子。及惠公卒，為允少，故魯人共令息攝政；不言即位。」

在這一節裏，我們可以提出四個事項研討：

---

❸ 見《左傳・僖公四年》。

第一，〈世家〉言惠公奪媳自妻，經傳不載。然《左氏》僅說「仲子歸于我」，則諱言之義，隱寓於詞❹。而且一個仲子，《左氏》、《公羊》以為是桓公之母，《穀梁》卻說是惠公之母、孝公之妾；隱二年經「夫人子氏薨」，《左氏》以「子氏」即仲子，而《公羊》說她是隱公之母，《穀梁》又講她是隱公之妻。這些紛雜之說，都是魯人諱言國惡❺所造成的，自當以述事詳備的《左傳》與《史記》為正。

第二，〈世家〉言惠公登仲子為夫人，則有經傳可徵：

甲、隱元年經：「天王使宰咺來歸惠公、仲子之賵。」據《左傳》的解釋，是譏天子贈死不及屍、弔生不及哀、豫凶事的非禮。但此地要強調的，則是天子賵惠公并及仲子的事實。這正說明惠公確曾登仲子為夫人，仲子確實是惠公的伉儷；天子絕不會致禮於諸侯之妾的。王樵《春秋凡例》有云：「趙啖以文公九年書『秦人來歸僖公成風之賵』，成風繫於僖公，所謂『母以子氏』也。此『惠公仲子』，正與彼同；故堅主《穀梁》之說，固為有見；然惠公之母既稱仲子，而桓公之母為惠公之妾者又稱仲子，婦妾同主妣之號，可乎？故程、胡二家，但謂天王下賵諸侯之妾，亂法壞紀。其義正大，於此等瑣瑣，皆在所略，可謂卓然之見矣。」程、胡謂天王下賵諸侯妾，用《穀梁》義，不副實際。但王氏論惠、桓之母，不得同號，誠

❹ 劉師培說。見《左盦外集・卷三》。

❺ 《左傳・僖公元年》：「諱國惡，禮也。」

所謂卓然之見，不可移易。劉敞以為「僖公成風」，即妾母繫子而言，所謂母以子貴也。「母以子貴」，乃《公羊》說；然《公羊》解「惠公仲子」及「僖公成風」，並以為二人，而云「兼之」，譏「兼之非禮」，則謂仲子繫於惠公，成風繫於僖公，亦非《公羊》之義。顧炎武說「魯有兩仲子，孝公之妾一仲子，惠公之妾一仲子，而隱之夫人是子氏」❻，重蹈前人之失而已。宋元明三朝學者，或棄傳言經，蕩棄家法，或雜糅三傳，以己意為進退，治絲益棼，不足訓者為多，此其一斑而已。

乙、隱二年經：「夫人子氏薨。」「子氏」即仲子。《春秋》以道名分，惠公不登子氏為夫人，則子氏無夫人名分，孔子斷不以夫人稱。且夫人死，必須為之赴同、反哭、祔姑，乃得書「薨」❼。子氏非夫人，魯亦不得以夫人禮共其葬事。然文四年經云「夫人風氏薨」，五年經云「葬我小君成風」，蘇轍曰：「僖公之妾母也。凡魯君之妾母，其生也稱夫人，其沒皆以夫人之禮成之，而天子、諸侯亦以夫人之禮禮之。」與「成風妾，得立為夫人，母以子貴，禮也」之《左氏》故說相合❽，證以敬嬴為宣公妾母、定姒為襄公妾母、齊歸為昭公妾母，經並書「夫人某氏薨」，「葬我小君某某」（分見宣八、襄四、昭十一經），咸皆允洽。唯魯君

❻《原抄本日知錄・卷四》。

❼《左傳・隱公三年》：「夏，君氏卒。聲子也。不赴于諸侯，不反哭于寢，不祔于姑，故不曰『薨』。」

❽《禮記・服問・疏》引《五經異義》。

之妾母得稱夫人，與仲子之稱夫人，事有二致，不可淆混。因為仲子非隱公之生母，隱公亦非繼體之國君，不得援用「母以子貴」的變禮，史公說她是惠公所立的夫人，必然有據。

丙、隱五年經：「考仲子之宮。」考，成也。成仲子之廟，是因為孟子卒，既祔於祖姑，而仲子名位相敵，未便與之合祀，所以另立一廟，分別祭祀。這也是仲子原即具有夫人身分的佐證。

丁、再說，左氏好為預言，屢見奇應。此傳既云仲子將為魯夫人，若終惠公之世未為夫人，則始言禎祥，便告失誤，於理難通。

所以，史公說惠公登仲子為夫人，我們也有充分理由加以接受。

第三，〈世家〉言惠公以允為太子，由於仲子為夫人既經肯定，自屬事所必至。而且隱元年傳云：「惠公之薨也，有宋師，大子少，葬故有闕。」公薨則稱允為太子，也足以支持史公的說法。

第四，《左傳》「隱公立而奉之」一語，前儒有許多異解：

甲、鄭眾云：隱公攝立為君，奉桓為大子。

乙、賈逵云：隱立桓為大子，奉以為君。

丙、杜預云：隱公繼室之子，當嗣世；以禎祥之故，追成父志，為桓尚少，是以立為大子，帥國人奉之。

由這些注文看來，「立」字究是上屬讀作「隱公立」，還是下屬讀作「立而奉之」？「立」為立作甚麼？「奉之」為奉之以為甚麼？全都不能確定。

劉文淇說：「《正義》引鄭、賈二說而駁之，其駁鄭云：傳言『立而奉之』，是先立後奉之。若隱公先立，乃後奉桓，則隱立之時，未有大子，隱之為君，復何所攝？若先奉大子，乃後攝立，不得云『立而奉之』。是鄭之謬也。其駁賈云：隱雖不即位，稱公改元，號令于臣子，朝正于宗廟；言立桓為君可矣，安在其『奉以為君』乎？是賈之妄也。《正義》既駁鄭、賈之說，而云『立而奉之，謂立為大子，帥國人奉之，正謂奉之以為大子』，語意重複，殊為不辭。」❾諸駁皆是，但對桓為太子，是惠公所立、非隱公所立的根本大錯，竟無一言半辭指出，所以仍舊不能解決這千古懸案。

現在我們既知惠公立桓為太子、惠公薨本應由桓嗣世的事實，則可斷定「立」應上屬為句，賈、杜讀「立而奉之」，句讀既誤，餘可無論。「隱公立」，鄭解「隱公攝立為君」，極為妥切。雖然一般而言，「立」乃即位之意；但是惠公之薨，太子少，故魯人共令息姑暫且攝立，「攝立」也是「立」的一種方式。唯鄭氏以「奉桓為大子」解「奉之」，若如《正義》所說，謂隱以桓未堪為君，仍處太子之位，故以太子之禮奉之，以待反位還政，自亦不謬。倘如杜預所說，謂桓本非太子，特隱追成父志，奉以為太子，則有未洽。鄙意「隱公立而奉之」，如解作「隱公攝立為君，而

❾ 見《春秋左氏傳舊注疏證》。

奉太子允為當嗣之人」，雖欠典雅，卻可袪兩可之疑。

隱元年傳曰：「春，王（周）正月，不書即位，攝也。」又曰：「公攝位，而欲求好於邾。」則隱之攝立，傳有明文。然所攝者君之位，不僅君之政而已，〈魯世家〉上文說隱公「攝當國，行君事」則是，此言魯人共令息「攝政」，則有未安。因為「攝位」則稱公改元，號令於臣子，朝正於宗廟，其與嗣世繼體之君的一間之差，只是不能傳位於嫡而已，這和「攝政」的僅僅代君施政，相去至遙，故鄭玄《發墨守》云：隱公攝位，周公攝政，雖俱相幼君，攝政與攝位異也。⑩

綜上所言，我們可將前傳大意，譯述如下：

> 魯惠公的嫡夫人叫做孟子，孟子死了，惠公以賤妾聲子接替她，治理後宮的事。聲子生隱公息姑。宋武公生了一個女兒，名叫仲子，仲子生下來就有字在手掌上，武公看了之後說：「她將來一定會做魯君的夫人。」所以仲子就嫁到我（魯）國來。她本來要嫁給息姑的，不料惠公搶著娶了，並立為夫人，生太子允，就是後來的魯桓公。桓公出生不久，惠公就死了，所以隱公攝位為君，而尊奉太子允為應當嗣位的人，待他年長再交還政位。

---

⑩《禮記・明堂位・疏》引。

二

前傳這段文字，「先經以始事」，為闡明隱公元年《春秋》不書即位而發。隱公既非嗣世之君，而魯自伯禽以至息姑，凡十四公，孔子作《春秋》，何獨始於隱呢？

這問題，前儒的解釋，也夠紛雜，舉要分析如下：

《公羊傳．哀公十四年》說，《春秋》始隱，是孔子述其「祖之所逮聞」。可是孔子據舊史而作《春秋》，人所共聞，《公羊傳》本身就有「不修春秋」之目；昭公二年《左傳》載晉韓起聘魯，見《易象》與魯《春秋》，而歎周禮盡在於魯，也足證魯史之完備；《公羊》此說，一似傳聞較史策可信，自不足取。

杜預《春秋經傳集解．春秋序》以為平王是東周之始王，隱公是讓國的賢君；若平王能祈天永命、紹開中興，隱公能弘宣祖業、光啟王室，則西周之美可尋，文、武之跡不墜，故《春秋》託始於平王而上紀隱公。這一說法，是認為《春秋》本託始於平王，但因隱公為讓國的賢君，故自隱公始。殊覺牽強。把隱公的反政還位說成「讓國」，亦違於事實。

范甯《春秋穀梁傳集解．序》推孟子「王者之迹熄而詩亡，詩亡然後春秋作」之義，以為平王東遷，至隱公而陵替尤甚，故孔子因魯史而作《春秋》，列〈黍離〉於國風，因茲以託始。楊時

《春秋義》申之，以為孔子作《春秋》時，詩非盡亡；〈黍離〉降而為國風，則雅之詩亡，雅亡而無政，《春秋》所以作。他們完全誤解了孟子之所謂「春秋」，是列國史記的通稱，如晉之《乘》、楚之《檮杌》、魯之《春秋》皆屬之，不專指孔子之《春秋》言；以雅亡為詩亡，亦違孟子之義。范、楊之說，亦無是處。

陳傅良《春秋後傳》以為《春秋》託始於周桓王，且謂繻葛之敗，《春秋》所以始。繻葛之戰，鄭祝聃射王中肩，見《左傳・桓公五年》。果如所說，則《春秋》當自桓公始，而非始於隱了。

顧炎武《日知錄・魯之春秋》云：「自隱公以下，世衰道微，史失其官，于是孔子懼而修之。自惠公以上之文無所改焉，所謂『述而不作』者也。自隱公以下則孔子以己意修之，所謂『作《春秋》』也。」直以《春秋》為魯史的延續，義不足取。

顧棟高《春秋大事表・春秋偶筆》以為周室東遷後，弒君之獄，自衛州吁及魯桓公始；而桓之弒，隱實有以召之，寵任羽父，及菟裘不早斷，馴致大禍；所以著之篇首，警戒後世為人君父者。今考桓二年《左傳》，魯惠公三十年，晉潘父弒其君昭侯；四十五年，晉曲沃莊伯弒其君孝侯；則東遷以後，弒君之獄不自州吁、魯桓始。再說隱公速禍之論，陳義卑下：這樣講，隱公賢者，一如罪有應得；羽父亂臣，轉似造反有理。殊失孔子懲惡勸善之本旨，必非《春秋》始隱的本心。

柳興恩《穀梁大義述・敘例》又據《穀梁傳》惠公初欲立桓，既已勝其邪心以與隱，隱探先君之邪志以與桓之曲說，以為隱公在惠公為賊子，於周室為亂臣；《春秋》始隱，使其卒不能逃亂臣之誅。李慈銘斥為誣妄悖誕，亦《春秋》家學之亂臣賊子，實不為過。

章太炎為近代研《左》大家，他在《春秋左氏疑義答問・卷一》說：「《呂氏春秋》〈當染〉篇稱：『魯惠公使宰讓請郊廟之禮於天子，桓（當作「平」）王使史角往，惠公止之。』則知惠公之世，法守浸失，請於天子，然後廢官得修；故魯《春秋》始於其子隱公。」美惠公能修舊官，卻始於其子隱公，於理難通。何況他於所撰《國學略說》中說：「列國春秋，本非同時並作，魯則隱公時始有《春秋》耳，非孔子有意託始於隱公也。」魯《春秋》苟始於隱公，則不知呂氏惠公請禮一事何可信據？二書所言，不唯自相齟齬；其以孔子《春秋》始隱，沿襲魯之《春秋》，尤與事實不合；自難苟同。

種種舊說，舉皆不能饜人意；其共同的缺失是焦點模糊，論《春秋》所以託始於隱公，既沒有考慮孔子作《春秋》的動機和目的，也未曾探明隱公的德操與功過。

孟子說：「世衰道微，邪說暴行有作：臣弒其君者有之，子弒其父者有之；孔子懼，作《春秋》。」⓫這便是孔子作《春秋》的緣起。

⓫ 見《孟子・滕文公・下》。

莊子說：「《春秋》以道名分。」⓬這便是孔子作《春秋》的目的。

《論語》：齊景公問政，子曰：「君君，臣臣，父父，子子。」⓭子路問為政奚先，子曰：「必也，正名乎。」⓮足證孟、莊論斷的正確。臣弒其君，子弒其父，是由於君不君，臣不臣，父不父，子不子，上下都不守本分造成的，所以孔子想到以正名的方式補敝起廢，於是因史記作《春秋》，吳、楚之君自稱王，而《春秋》貶之曰子；溫之會，實召周天子，而《春秋》諱之曰「天王狩於河陽」，是非二百四十二年之中，以為天下儀表，要在綱紀人倫，使君臣父子，各安其分而已。

這樣一部道名分的經典，自應以一位謹守名分的賢者發端，我們看看隱公是否具此要件。

隱公是攝位之君，所以元年不以正統之君自居，不行即位之禮。

元年，改葬惠公，公弗臨，不肯以魯君的地位，侵害太子做喪主的權利，以避篡奪之嫌疑。

二年，仲子卒，公以夫人之禮為之成喪，故經書「夫人子氏薨」。

三年，聲子卒，公不以攝位故，僭用夫人禮共其葬事，故經書「君氏卒」。

桓二年傳曰：「凡公行，告于宗廟。反行，飲至，舍爵策勳焉。禮也。」隱公終其在攝，不

⓬ 見《莊子・天下》。

⓭ 見〈顏淵〉篇。

⓮ 見〈子路〉篇。

以魯公自居，故出行十有三次（見《左傳》），卒不一行此禮。以上數事，注疏論列已詳，故僅作觀點上之修正，不再備述。

魯自伯禽受封以來，幽公弟殺幽公而自立，懿公兄括之子伯御殺懿公而自立，本不乏篡弒的先例。十一年，羽父請殺桓公以求太宰，公雖當政日久，權位已固，乃竟不此之圖，而遭讒害。

這些足以表明隱公謹守名分的決心和勇氣。站在此一角度看，《春秋》之託始，自然非公莫屬。太史公以「正《易傳》，繼《春秋》」為己任，《史記》〈世家〉三十，始於太伯，賢其遠適荊蠻，以讓季歷；〈列傳〉七十，始於夷、齊，賢末世爭利，彼獨奔義，讓國餓死。可能就是遠紹《春秋》始隱，美其殉「名」而死的餘緒了。⑮

⑮ 請參閱本書〈試揭《春秋》神祕的面紗〉及〈孔聖無二憂〉。

孔聖無二憂

——論孔子作《春秋》的用心及《春秋》的特質

孔子說：「吾志在《春秋》，行在《孝經》。」這話雖出現在緯書《孝經鉤命決》上，不一定出於孔子之口；但不是深於孔學的人，也絕說不出這樣中肯的話來。

孔子作《春秋》的志願，儒家學者始終沒說明白，反是道家的莊子一語道破，他說：「《春秋》以道名分。」❶道，與導通，是通達的意思。這句話是說：孔子作《春秋》，志在使人明白正名定分的道理，無論做甚麼事，都切實認清自己居甚麼名位，守甚麼本分，負甚麼責任，盡甚麼義務。人人守分，推忠恕之心，行仁義之道，則撥亂反正，指日可待。

孟子說：「世衰道微，邪說暴行有作：臣弒其君者有之，子弒其父者有之；孔子懼，作《春

❶《莊子・天下》。

秋》。」❷昭示我們孔子作《春秋》的動機。董仲舒說：「《春秋》之中，弒君三十六，亡國五十二，諸侯奔走不得保其社稷者不可勝數，察其所以，皆失其本已；故《易》曰：『失之豪釐，差以千里。』故曰：『臣弒君，子弒父，非一旦一夕之故也，其漸久矣。』」❸又告訴我們孔子道名分的原由。所謂皆失其本，是說那些人不守本分，以至於君不君，臣不臣，父不父，子不子，陷於罪咎，不克自拔。因此，孔子窮本溯源，決心從正名做起。正名的一念既萌，於是孔子念茲在茲，心無旁騖，但以世人不能堅守本分為己憂。

孔子寫《春秋》的資料，除了魯史，大都是他親自到王城洛邑去蒐集的。據清儒閻若璩的考證，時在魯昭公二十四年，當西元前五一七年，孔子年三十有五。❹又據《史記．孔子世家》，魯昭公時孔子遊齊，向景公陳述為政之道，端在君君、臣臣、父父、子子；哀公七年（西元前四八八年）孔子至衛，子路問：「衛君待子而為政，子將奚先？」孔子告以「必也，正名乎」。下至哀公十四年而《春秋》絕筆，十六年（西元前四七九年）而孔子卒。明白顯示，今傳一萬六千多字的《春秋》，是孔子字斟句酌，屬辭比事，傾大半生的精力，嘔心瀝血鑄鍊而成！許多緯書說孔子的《春秋》，春作秋成，歷時九月，真不知從何說起！

❷《孟子．滕文公．下》。

❸《史記．太史公自序》引。

❹《尚書古文疏證．卷八》。

《史記・司馬相如列傳》贊說：「《春秋》推見至隱，《易》本隱以之顯。」最能道出《春秋》的特質。孔子說：「我欲載之空言，不如見之於行事之深切著明也。」❺於是他親往王城洛邑，遍覽史記飽飫舊聞❻，以魯國為中心，著成《春秋》，以免徒託空言，不能深入人心。〈太史公自序〉說《春秋》「是非二百四十二年之中，以為天下儀表。貶天子，退諸侯，討大夫，以達王事而已矣。」則孔子貶責天子的無道，降退諸侯的僭越，誅責大夫的犯上作亂，固然出於一片救世的赤忱，卻也一方面超出了平民的本分，一方面免不了會招怨速禍；於是孔子基於「義不訕上，智不危身」❼的道理，反《易》道而行之，把褒貶正名的大義，有的含藏於微言之中，有的旁寄於述事之外。雖然如此，孔子猶恐世人誤會，而說出「知我者，其惟《春秋》乎？罪我者，其惟《春秋》乎」❽的話來。熊十力說《易》與《春秋》「二經制作皆極特別，皆義在言外」；又說「《易》假象以表義」，「《春秋》假事以明義」❾。假事明義，義在言外，把《春秋》所載的事比作卦象，皆遠紹史公遺意，而發皇光大。孔子五十以前讀《易》，到晚年韋編三絕❿，也足以表明二經關係

❺《史記・太史公自序》引董仲舒語。
❻見《史記・十二諸侯年表序》。
❼《春秋繁露・楚莊王》。
❽《孟子・滕文公・下》。
❾《讀經示要・卷三》。

的密切。鄭康成說：「《易》一名而含三義：易簡，一也；變易，二也；不易，三也。」❶這三義實可涵蓋天人之道的全體，《春秋》所展示的，也正是經緯天人，簡易、變易、不易的大道，而非史事的完備。所以董仲舒說：「《春秋》論十二世之事，王道備而人事浹，法布二百四十二年之中，相為左右，以成文采，其居參錯，非襲古也。」❷《春秋》這部以宣明王道、人事為主的經書，雖具有史籍的外貌，對後代史書發生重大的影響，也多少可供研究古史的參考，我們卻萬不可只注意其外表的形式，忽略其內涵的本質，即當它史書看待。唐劉知幾把它併入史林，《史通・六家》勉強拿義在言內，純屬記言的《尚書》和《春秋》對比，已然是比擬非倫；宋王安石又把它看成一般史書，在字面上讀不出要領，終至把聖經糟蹋成「斷爛朝報」❸；後儒也太半沒入劉、王之輩攪渾的泥水，菲薄孔子，自以為是。

❿《論語・述而》：「子曰：加我數年，五十以學《易》，可也無大過矣。」《史記・孔子世家》：「孔子晚而喜《易》，……讀《易》，韋編三絕。」

⓫《周易正義・論易之三名》引。

⓬《春秋繁露・玉杯》。

⓭《宋史・王安石傳》：「黜《春秋》之書，不使列於學官，至戲目為『斷爛朝報』。」學者或疑其不實，然胡安國《春秋傳》自序云：「近世推隆王氏新說，據為國是；獨於《春秋》，貢舉不以取士，庠序不以設官，經筵不以進讀，……乃於斯時奉承詔旨，輒不自揆，謹述所聞，為之說以獻。」鐵案如山，足以袪惑。

戰國趙孝成王相虞卿，精於《春秋》，曾對楚春申君說：「臣聞之《春秋》：於安思危，危則慮安。」⓮雖本襄公十一年《左傳》「書曰：『居安思危。』思則有備，有備無患」為說，也和孔子作《春秋》的心境相契。孔子居危慮安而寫成《春秋》，志在正名定分，挽救世道人心；我們身丁情況更為混雜險惡的亂世，自應努力研究，藉以自我反省，自我警惕，自我激勵，自求多福。《春秋》大義，當年全靠孔子口頭傳授，如今只有憑藉三傳——尤其述事較詳的《左傳》，慎加推求。但推求的結果，一要不違《春秋》的本質，二要事事歸結於正名，庶幾乎不離正道。以下謹舉數例說明，管窺蠡測，自知很不量力，務請不吝指正。

一

1. 隱公元年經：「春，王正月。」

新君元年「正月」之下，照例應有「公即位」的記載，但此經沒有。據左氏前傳、元年傳、及《史記・魯世家》，魯惠公的始嫡夫人是孟子。孟子無子而卒，惠公起初使他的妾聲子暫時接替孟子的職位，聲子也為惠公生了長庶子隱公；但後來惠公卻娶了宋武公的女兒仲子，仲子生桓公

⓮《戰國策・楚策・四》。

允，惠公立仲子為夫人，以允為太子。太子很小的時候，惠公薨，當時恰好有宋國的軍隊入侵，魯國大夫就公推隱公攝登君位，應付急難，等太子長大再還政授位。隱公是位謹守本分的人，不肯舉行正統國君的即位大典，所以《春秋》沒有他即位的記載⑮。

2. 隱公二年經：「十有二月乙卯，夫人子氏薨。」

3. 隱公三年經：「夏，四月辛卯，君氏卒。」

4. 隱公五年經：「九月，考仲子之宮。初獻六羽。」

這三條記事，彼此之間以及和前條記事，似乎沒有關聯，事實並非如此，都是用以表明隱公之守分的。據隱元年《左傳》，子氏即是仲子。隱公三年《左傳》說：「夏，君氏卒。聲子也。不赴于諸侯，不反哭于寢，不祔于姑，故不曰『薨』；不稱『夫人』，故不言葬；不書姓，為公故，曰『君氏』。」可見赴告於同盟的諸侯，返哭於殯宮，祔祀於祖姑，是夫人的葬儀；隱公嚴守本分，不肯為生身之母僭用。反觀隱二年經文，既尊稱「夫人」，書姓「子氏」，又復曰「薨」，可知隱公是用很完備的夫人之禮葬仲子的。夫人死，依禮祔於祖姑——夫君祖父兄弟們的嫡妻，把她的神主入祠祖姑之廟；但是仲子晚了一步，惠公夫人孟子先死，既與祖姑合祀，就不便把名位相等的仲子一併入祀。於是隱公採用變禮，特別給她另立一廟，此廟於隱公五年九月落成。

---

⑮ 請參閱本書〈左氏前傳釋義〉。

隱公五年《左傳》：「考仲子之宮，將萬焉，公問羽數於眾仲。對曰：『天子用八，諸侯用六，大夫四，士二。夫舞，所以節八音而行八風，故自八以下。』公從之，於是初獻六羽——始用六佾也。」羽，通佾；故《左傳》以「始用六佾」釋《春秋》「初獻六羽」。古代舞樂，八人一列，稱為一佾。魯公是諸侯，當用六佾——六八四十八人⑯；但成王、康王追念周公勳勞，自毀名器，特命魯公世世用天子禮樂祀周公，舞用八佾⑰。不料魯公子孫竟非法相沿，世代皆用八佾；獨隱公明分守禮，毅然糾正，開始用諸侯舞樂。所以經文雖只采錄事實，記「初獻六羽」，卻具有褒獎隱公，貶責先王、先君的雙重大義。隱公雖力矯前非，但魯公室既有僭用舞樂的先例，到昭公二十五年，季孫意如就肆無忌憚，把禘祭襄公的舞者僅留下兩佾應景，撤取四佾配合自己的四佾，在家廟獻八佾之舞，《論語．八佾》所載：「孔子謂季氏：『八佾舞於庭，是可忍也，孰不可忍也！』」就是指此而言。孔子曾說：「唯器與名，不可以假人，君之所司也。名以出信，信以守器，器以藏禮，禮以行義，義以生利，利以平民，政之大節也。若以假人，與人政也；政亡，則國家從之，弗可止也已。」⑱名器一亂，則禮樂政刑莫有不亂的。藉此事件，孔子之推崇隱公，及他欲以正名救天下的道理，可以概見。

⑯ 參見拙著《周秦諸子述左傳考．昭公二十五年》、《兩漢諸子述左傳考．隱公五年》。

⑰ 見《禮記》〈明堂位〉及〈祭統〉。

⑱ 成二年《左傳》。

5.隱公十一年經：「冬，十有一月，壬辰，公薨。」

隱公薨，並非死於正命。《左傳》載：魯大夫公子翬請殺桓公，求取太宰的官位；隱公卻告訴他，早已在菟裘建築房屋，即將歸老，而把政位還給桓公。翬聽了害怕，就到桓公面前撥弄是非，請殺隱公，並派殺手把公刺死。

前舉經文，若分開看，雖然各有內容，難免支離破碎之嫌；但比合以觀，就可以看出事理的全貌。所以《禮記・經解》篇說：「屬辭比事，《春秋》教也。」《春秋》所記的事，都經孔子嚴密挑選過，對世人都具有正面或負面的教訓意義。即如《春秋》所載的日食三十六，地震五，山崩二，也是用天地反常生災，以深戒人君，當固守本分，修德立政⓳。如無關乎正名的宏旨，再重大的歷史事件，孔子也一概捨棄。

即以天子、諸侯的崩薨來說，周莊王十五年崩（魯莊公十二年，西元前六八二年），子僖王五年崩（魯莊公十七年，西元前六七七年），接連二世，《春秋》不書；頃王六年崩（魯文公十四年，西元前六一三年），《春秋》亦不書；可見《春秋》書「夫人子氏薨」、「君氏卒」，不在其事的本身有何重要，而在可藉以說明隱公堅守本分，毫無弒奪之心。後世多知於《春秋》一句一字中尋求大義，那只是《春秋》「屬辭比事」之教中「屬辭」的部分；所謂「比事」，即是把分散在各年的

⓳ 劉寶楠說。見《論語正義・述而第七》「子不語怪力亂神」下。

記事，比合成一個整體，用以表現大義，而這大義又遠在文詞之外。本例所舉的五條經文，孔子用前四條光昭隱公守分的大節，供後人奉為典範；用第五條說明隱公的守死善道，令我們格外哀憫崇敬。第一條甚至以不書來顯示大義，也可見《春秋》筆法的高深莫測，絕非常格所能拘限。

據《史記・魯世家》，魯國自周公長子伯禽就封，到哀公之世孔子卒時，總共二十四君。《春秋》為何始於隱公的問題，歷代學者不斷探討，至今仍處於聚訟紛紜的階段，莫衷一是。其實孔子既為道名分而作《春秋》，當然該選擇一位謹守本分的魯公發其端。這五條經文所刻畫的隱公形象，使我們察覺，他實在是最佳的人選。

這正名定分，是《春秋》的綱領，《春秋》的褒貶，一皆視人是否守名分而定。這是《春秋》大義易簡的一面。

二

1. 文公十三年經：「邾子蘧蒢卒。」

《左傳》說：「邾文公卜遷于繹，史曰：『利於民而不利於君。』邾子曰：『苟利於民，孤之利也。天生民而樹之君，以利之也。民既利矣，孤必與焉。』左右曰：『命可長也，君何弗為？』邾子曰：『命在養民。死生之短長，時也。民苟利矣，遷也！吉莫如之！』遂（自鄒〔今山東省鄒縣）遷于繹（今鄒縣東南二十五里）。五月，邾文公卒。君子曰：『知命。』」

邾子知道個人死生的短長都有定限，於民有利就斷然遷都，不愧為一個守本分的國君。所以這節經文顯然在褒獎文公，奉為諸侯的榜樣。《論語・堯曰》的最後一章也說：「孔子曰：不知命，無以為君子也。」可見孔子針對常人苟惜生命，借邾子的死，向我們灌輸知命的觀念，要我們懂得天命有常，永遠不變，人人應該不計個人的死生，見義勇為，造福於大眾。

這是《春秋》大義永恆不易的一面。

2.襄公三十年經：「五月，甲午，宋災，宋伯姬卒。」

《左傳》說：「甲午，宋大災，宋伯姬卒；待姆也。君子謂：『宋共姬女而不婦。女待人，婦義事也。』」

伯姬，魯女，成公九年歸宋，為宋共公夫人，到此時年在六十左右。《公》、《穀》二傳都載明火災發生在晚上，伯姬堅守禮法，必待傅、姆來伴，才肯下堂逃生，結果因傅來而姆未來，葬身火窟。君子認為她以已嫁婦人的身分執守未嫁女子之道，固然可敬，可惜於名有愆，作了無謂犧牲。夜晚必須傅、姆陪伴才能下堂的規定，是為了保全處女的貞操。伯姬是一位已嫁婦人，肩負家國重任，身分和處女已經不同；而且她以花甲之年，居處深宮，在貞操方面的危險，實已微乎其微；遇到火警就該便宜行事，避火全生才是。所以君子的見解，比起《公》、《穀》二傳的一味讚揚伯姬能盡婦道，高明多了。於此我們也可體會出〈太史公自序〉中所說，不明《春秋》之義，就會「守經事而不知其宜，遭變事不知其權」的道理，行事時才能善為斟酌損益，庶幾不執一而廢百，做得恰如其分，順適圓滿。

這件事可表現出《春秋》大義變易的一面。

三

宣公二年經：「秋，九月，乙丑，晉趙盾弒其君夷皋。」

《左傳》：「晉靈公不君，厚斂以彫牆；從臺上彈人，而觀其避丸也；宰夫胹熊蹯不熟，殺之，寘諸畚，使婦人載以過朝。」三傳中，唯《左傳》能掌握《春秋》正名的大義，所以解釋經文，劈頭就拈出「晉靈公不君」的定讞，數說他名實不符的事實。接下去又說：晉大夫趙盾、士會見到宰夫的手，問明原因，唯恐二人同時進諫，君若不聽，無人為繼；於是士會先入。靈公敷衍士會，表示將要改過，事後卻依然故我。接著趙盾屢次切諫，靈公煩極了，先是派人行刺，沒有如願；後又召盾入宮飲酒，埋伏甲士攻殺趙盾，盾又僥幸逃脫。趙盾還未逃出國境，聽說趙穿已把靈公殺死，就急急回返朝廷。《左傳》載：「乙丑，趙穿攻靈公於桃園。宣子未出山而復。大史書曰：『趙盾弒其君。』以示於朝。宣子曰：『不然。』對曰：『子為正卿，亡不越竟，反不討賊，非子而誰？』宣子曰：『嗚呼！《詩》曰：「我之懷矣，自詒伊慼。」其我之謂矣。』孔子曰：『董狐，古之良史也，書法不隱。趙宣子，古之良大夫也，為法受惡；惜也，越竟乃免！』」

宣二年經文，在董狐所書「趙盾弒其君」下，增添靈公的名字「夷皋」，依《左氏傳》例「凡弒君稱君，君無道也；稱臣，臣之罪也」⑳看來，在字面上已充分貶斥死有餘辜的暴君，糾正了董狐的偏頗。至於言外之義，除了褒獎一位堅守本分的大史董狐，讚美他不畏權勢，秉筆直書，加罪趙盾，堵塞後世亂臣賊子援例逃刑的禍源；也為一位忠直守分但疏忽犯錯的趙盾，道盡委屈，讚美他勇於擔當，寬宏明理的胸懷。在如此錯綜複雜的情況下，真正下手弒君的趙穿，反而顯得無足輕重了。

趙盾的錯誤，是他只想到朝廷發生變故，他身為正卿，應該回去處理善後；卻沒想到，以他的處境，回都後絕對無法擺脫嫌疑。而且趙穿是晉襄公的女婿，盾的側室㉑，這個「賊」殺了一個無道昏君，也實在無從聲討。他唯一可行的路，就是逃亡在外，靜候別人出面把事情了斷，再謀歸計。

從此一錯綜複雜的事例，我們又深切體會到〈太史公自序〉中的一段話：「為人臣子而不通於《春秋》之義者，必陷篡弒之誅，死罪之名。其實皆以為善為之，不知其義，被之空言而不敢

⑳ 宣四年《左傳》。

㉑ 文十二年《左傳》：「趙有側室曰穿，晉君之壻也。」

辭。」趙盾不知其義，以歸為善而歸來，落得徒受空言的下場。至於董狐，明知不能刑殺趙盾，又何必甘冒批其逆鱗的危險，加「趙盾弒其君」的空言於宣子呢？董仲舒說：「《春秋》之道，視人所惑以大明之。今趙盾賢而不遂於理，皆見其善，莫知其罪，故因其所賢而加之大惡，繫之重責，使人湛思而自省悟以反道。」㉒很有參考的價值。

四

以上三節，第一節是孔子比合五事，表揚隱公守分的例子。第二、三節是孔子各就一事，道名分、定褒貶的例子。此外，孔子也用重複和對比的手法，表現正名的大義。

1. 昭二十年經：「秋，盜殺衛侯之兄縶。」
2. 襄二十一年經：「邾庶其以漆、閭丘來奔。」
3. 昭五年經：「夏，莒牟夷以牟婁及防、茲來奔。」
4. 昭三十一年經：「冬，黑肱以濫來奔。」

據昭二十年《左傳》，齊豹是衛國的司寇，食采於鄄。但衛靈公的哥哥公孟縶卻輕侮他，無事

㉒《春秋繁露．玉杯》。

時就搶去他的官位和采邑，有事再暫時還給他，讓他去辦事。所以齊豹就依附公子朝作亂，藉口為國除惡殺死公孟縶，妄想獵取令名；而《春秋》故意隱其名而書「盜」，使他求名而不得。

昭三十一年《左傳》說：「冬，邾黑肱以濫來奔。賤而書名，重地故也。君子曰：『名之不可不慎也如是。夫有所有名，而不如其已。以地叛，雖賤，必書地以名其人，終為不義，弗可滅已。是故君子動則思禮，行則思義；不為利回，不為義疚。或求名而不得，或欲蓋而名章，懲不義也。齊豹為衛司寇，守嗣大夫，作而不義，其書為「盜」。邾庶其、莒牟夷、邾黑肱，以土地出，求食而已，不求其名；賤而必書。此二物者，所以懲肆而去貪也。若艱難其身，以險危大人，而有名章徹，攻難之士將奔走之；若竊邑叛君以徼大利而無名，貪冒之民將寘力焉；是以《春秋》書齊豹曰「盜」、三叛人名，以懲不義，數惡無禮（金澤文庫本，「惡」下有「逆」字，與杜注「無禮、惡逆，皆數而不忘」合。當從之），其善志也。故曰：《春秋》之稱，微而顯，婉而辨。上之人能使昭明，善人勸焉，淫人懼焉。是以君子貴之。』」

齊豹、庶其、牟夷、黑肱，非禮犯分，而竊地附敵，尤為不義之甚，故《春秋》一一舉而誅之，以懲止不義者效尤。

《春秋》就是這樣一部褒獎守名分的人，使善人勸焉，貶斥不守名分的人，使淫人懼焉，教人克己復禮的奇書。

「齊桓公正而不譎」考

一、引言

春秋五霸，桓、文為盛，晉文公重耳，尤以風節高邁，冠絕群倫，所以《左傳》自莊公二十八年起，先分年詳盡記載他的出身、他的行事；再於僖公二十三年之末，綜述他出亡十九年，果得晉國的始末；最後又在僖公二十四年春，記重耳得位之餘，追述寺人披、頭須、趙姬、介之推等男女的奇德瑰行，表明他因能修身齊家而得人死力，振興晉國，卒得於僖公二十八年經過城濮一戰，制服頑楚，安定天下，受命為侯伯。《史記．晉世家》於此，亦步亦趨，全依《左傳》的方式，把重耳的事跡作雙重而完整的記錄，未加刪併。足見前賢對晉文公的重視，實遠甚於齊桓。

但是《論語・憲問》載有孔子的兩句話：

晉文公譎而不正，齊桓公正而不譎。

《集解》在這兩句話下分別注道：

鄭曰：譎者，詐也。謂召天子而使諸侯朝之，仲尼曰：「以臣召君，不可以訓。」故書曰：「天王狩於河陽。」是譎而不正也。

馬曰：「伐楚以公義，責包茅不入，問昭王南征不還。是正而不譎也。」

《正義》綜合申述道：

此章論二霸之事也。譎，詐也。謂晉文公召天子而使諸侯朝之；是詐而不正也。齊桓公伐楚——實因伐蔡而遂伐楚，乃以公義責包茅之貢不入，問昭王南征不還；是正而不詐也。

由此看來，晉文詐而不正，齊桓正而不詐，賢與不肖，判若天壤；左氏之傳，史公之書，好像都顛倒是非。而《正義》既已探明桓公實因侵蔡而伐楚，乃詭以公義責之的事實（此事後詳），揭穿了馬融曲意蒙蔽的真象；卻仍說桓公「正而不詐」，豈不令人費解？

為了突破這團迷霧，前儒曾經由兩條途徑進行探測：袁枚肯定舊注，懷疑《論語》本文的真實性；劉寶楠則肯定《論語》本文，而重新詮釋「譎」、「正」的意義。

二、疑經

袁枚在所撰〈論語解四篇〉❶第一篇，以為《論語》有「齊論」與「魯論」之分，由孔子的魯國弟子及齊國弟子兩個編輯群記錄而成，二者均有偽託未足為信的部分。如〈憲問〉篇「齊桓公正而不譎」章前後，載有

> （或）問管仲，（子）曰：「人也，奪伯氏駢邑三百；飯疏食，沒齒無怨言。」
>
> 子路曰：「桓公殺子糾，召忽死之，管仲不死。曰未仁乎？」子曰：「桓公九合諸侯，不以兵車，管仲之力也。如其仁！如其仁！」

❶ 見《小倉山房文集・卷二十四》。

子貢曰：「管仲非仁者與？桓公殺公子糾，不能死，又相之！」子曰：「管仲相桓公，霸諸侯，一匡天下，民到于今受其賜；微管仲，吾其被髮左衽矣！豈若匹夫匹婦之為諒也？自經於溝瀆而莫之知也！」

凡三章，都在褒揚管仲，而下面又有「陳成子殺（齊）簡公」章，敘述齊事，故子才以為此皆「齊論」，乃齊之弟子所記；因為齊人最尊管仲，所謂「子誠齊人也，知管仲、晏子而已矣」❷。又《論語・八佾》在「（魯）哀公問社於宰我」與「子語魯太師樂」二章間，載有

子曰：「管仲之器小哉！」或曰：「管仲儉乎？」曰：「管氏有三歸，官事不攝，焉得儉？」「然則管仲知禮乎？」曰：「邦君樹塞門，管氏亦樹塞門；邦君為兩君之好有反坫，管氏亦有反坫。管氏而知禮，孰不知禮？」

一章，子才以為此皆「魯論」，因為魯人素薄管仲，所謂「五尺之童，羞稱五霸」❸，才會把管仲說得一無是處，當然是魯之弟子所記。

❷ 孟子語。見《孟子・公孫丑・上》。

❸ 見《漢書・董仲舒傳》「粵有三仁」對。

在這篇文章中，子才提到「齊桓公正而不譎」一語，但未加評論；因為他既以管子為貫通全局的人物，只好把桓公撇在一邊。然而前引四章《論語》之文，子才除了讚許「奪伯氏駢邑三百」章，以為它「善善從長，譽而不過」，是真正的「聖人之言」；則必以其他極端褒貶管子的偏激言論，都出於偽託，不足採信。依此類推，顯然子才已接納了鄭、馬的舊解，把晉文公譎而不正、齊桓公正而不詐的誠辭，納入「齊東野人語」中，必欲去之而後快。

子才的議論，乍看有憑有據，似乎十分動人；可是我們不要忘了，《論語》中的「子曰」之辭，都是孔子的及門高足及再傳弟子記錄纂輯，又經同門共同審議才能定稿的，怎可能采納齊、魯兩國同學的偏見？且子才僅僅依據對管仲的褒貶不一，就把大量的《論語》之文分別列入偽託的所謂「齊論」、「魯論」之中，立論也顯得粗疏，難以令人信服。

漢世《論語》傳本有三，即《魯論》、《齊論》及《古論》。但西漢末安昌侯張禹把《魯論》、《齊論》「合而考之，刪其煩惑，除去《齊論》〈問王〉、〈知道〉二篇，從《魯論》二十篇為定，號《張侯論》，當世重之，周氏、包氏為之章句，馬融又為之訓」；「漢末，鄭玄以《張侯論》為本，參考《齊論》、《古論》而為之注」❹。這鄭玄混合三家的注本，就是流傳至今的《論語》。在由三合一的過程中，刪煩去惑，擇善而從❺；若說今本《論語》仍存大量魯、齊弟子偽託之言，

❹ 並見《隋書・經籍志》。

❺ 參考何晏《論語集解・敘》、陸德明《經典釋文・敘錄》。

未免厚誣古人。

至於對管仲的褒貶不一，也並非各有偏頗。《論語》的篇章，自來以為雜亂無序，但吳延環先生以為每篇都有其中心議題，分篇既有條理，編輯亦有原則。於此獨有心契。他在近作《論語研究・第六篇・第一節》指出〈八佾〉「所記皆孔聖有關禮樂之言」，〈憲問〉「大多論述處世之道」，極為精審。以禮樂言，〈八佾〉所載皆管仲違禮之事，所以譏貶他；以為人處世言，〈憲問〉所載皆管仲之才德事功，民於今受其賜，所以褒獎他。聖人的心，大中至正，在此表現無遺；他的言論，那有絲毫的偏袒與矛盾！

由此，可見袁子才所走的路，是死路，是走不通的。

三、新　釋

劉寶楠走的另一條道路。他在所著的《論語正義・一七》中，從訂正鄭玄「譎者，詐也」的舊注入手。他發現在群經裏，「譎」可以當詭詐講，也可以當通權達變講；訓「詐」時謂惡業，訓「權」時指美德。《詩・大序》說：「主文而譎諫，言之者無罪，聞之者足以戒。」鄭玄箋：「譎諫，詠歌依違不直言。」就是據權宜之義所說的。最後，他結論道：

《論語》「晉文公譎而不正，齊桓公正而不譎」，譎，權也；正，經也。言晉文能行權而不能守經，齊桓能守經而不能行權；各有所長，亦各有所短也。

孔子一向主張守經達權，不能固執一端；所以他不但站在這個立場批評齊桓、晉文，也曾以「身中清，廢中權」讚美虞仲和夷逸❻。孔子自身也力行此道，他終身謹守誠信，但陳司敗問違背同姓不婚的禮法、而娶了同姓吳女為妻的魯昭公是否知禮？他就基於諱言國惡❼的大義，答以「知禮」。他終身遵循禮法，但當陽貨伺孔子不在家時送他一隻蒸豚，想依大夫送東西給士，士如不能在家拜受，就得到大夫家答謝的禮法，逼孔子前往進謁；孔子也察明陽貨不在家時登門求見❽。陽貨不肯禮賢下士，卻要耍手段迫孔子屈身拜會；這樣做，傷教害義，沒有一絲好處，就是「譎詐」、「詭詐」的範例。孔子如法炮製，回敬陽貨，雖有詭道在裏面，卻藉此保全了在上者如不致敬盡禮，絕不苟且求見的士節；這樣做，所失者小，所得者大，雖違反正道，卻有善可陳，所謂「反於經然後有善者也」❾；可視為「譎權」、「權變」的範例。可是「權」雖反「經」，也必

❻ 見《論語・微子》。
❼ 《左傳・僖公元年》：「諱國惡，禮也。」
❽ 詳見《論語・陽貨》、《孟子・滕文公・下》。
❾ 見《公羊傳・桓公十一年》。

有其限度，故《公羊傳・桓公十一年》說：

行權有道，自貶損以行權，不害人以行權。殺人以自生，亡人以自存，君子不為也。

基於以上的認知，可見劉寶楠「譎，權也；正，經也」的新詁，及謂孔子的批評桓、文「各有所長，亦各有所短」，都比舊注深入而合理，非常寶貴。但是「言晉文能行權而不能守經」之語，似仍有修訂的餘地；而且馬、鄭引述《左傳》，所作的說明和所舉的事例，也有很嚴重的失誤，他尚不曾察覺，亦待加以補正。

四、補闕

鄭玄所舉晉文公「召天子而使諸侯朝之」一事，見《左傳・僖公二十八年》。當年四月，晉文公率領晉、齊、秦、宋四國聯軍，在衛之城濮大敗楚師；五月，他和齊、宋、蔡、鄭、衛、莒之君盟於鄭之踐土，周襄王親臨附近的衡雍（鄭地）接受獻俘，並策命重耳為侯伯；冬，重耳與魯、齊、宋、蔡、鄭、陳、莒、邾之君與秦大夫會於晉之溫邑（在今河南省溫縣西南三十里），《左傳》載：

冬，會于溫。討不服也。……是會也，晉侯召王，且使王狩。仲尼曰：「以臣召君，不可以訓。」故書曰：「天王狩于河陽。」言非其地也；且明德也。

此時王權衰微，晉文雖想率領諸侯，入京朝王，表示尊崇；但十國兵馬，人車蓄盛，既懼力有未贍，諸侯叛離，又恐天子猜疑，閉關不納，故請王以狩獵名義到附近的河陽（晉地，在今河南省孟縣西三十里。在黃河之北；水北為陽，故名），接受朝覲。孔子讀史及此，嘉許晉侯仍有尊王之心，且工於權變，使不可能之事化為可能，得盡君臣之禮。但以臣召君的例子一開，必被後世的亂臣賊子援引，遺患無窮，不能拿來向後人說教；所以隱諱晉文公召王的缺陷，修改舊史，在《春秋》上只寫「天王⑩狩于河陽」。河陽離王城洛邑（今河南省洛陽縣西十里）雖近，但天子遊獵至此卻嫌太遠。孔子特別寫出「河陽」，是刻意把這次狩獵妝點成一個特殊事件，表示周襄王到不是他平常田狩的地方打獵（言非其地也），因此加以記載——因為史官不書常事，對天子日常的遊獵，照例是不記錄的。孔子所以如此精心掩飾晉文的缺失，意在表揚他尊崇周王的功德（且明德也），不願以一眚掩大德。

從這段《傳》文所闡發的《春秋》大義看，劉寶楠把「晉文公譎而不正」說成「言晉文能行

⑩ 顧炎武《日知錄・卷四・天王》：「《尚書》之文但稱「王」，《春秋》則曰「天王」。以當時楚、吳、徐、越皆稱王，故加「天」以別之也。趙子曰：稱「天王」，以表無二尊也。」

權而不能守經」，大致是不錯的；但如改作「言晉文行權有餘而守經不足」，似乎更合孔子的本意。晉侯尊王，不可說他不能守經。鄭玄因為把「譎」誤訓為「詐」，所以引述《左傳》，故意避過「且明德也」的論斷，以免自相牴觸；邢昺《正義》有意護短，於此絕口不提，只說「舊史當依實而書，言晉侯召王，且使王狩。仲尼書曰：『天王狩于河陽。』言天王自來狩獵于河陽之地，使若獵失其地，故書之以譏王然」，卻顯得語無倫次，不知所云。

至於馬融以齊桓伐楚事，說他正而不譎，真象又如何呢？《左傳・僖公三年》載：

齊侯（即桓公）與蔡姬（桓公夫人）乘舟於囿，蕩公，公懼變色。禁之，不可。公怒歸之，未之絕也。蔡人嫁之。

四年傳載：

春，齊侯以諸侯之師侵蔡。蔡潰，遂伐楚。楚子使與師言曰：「君處北海，寡人處南海，唯是風馬牛不相及也！不虞君之涉吾地也，何故？」管仲對曰：「昔召康公命我先君太公曰：『五侯九伯，汝實征之，以夾輔周室。』賜我先君履：東至于海，西至于河，南至于穆陵，北至于無棣。爾貢包茅不入，王祭不共，無以縮酒；寡人是徵！昭王南征而不復；

寡人是問！」對曰：「貢之不入，寡君之罪也，敢不共給；昭王之不復，君其問諸水濱！」師進，次于陘。夏，楚子使屈完如師；師退，次于召陵。齊侯陳諸侯之師，與屈完乘而觀之。齊侯曰：「豈不穀是為？先君之好是繼。與不穀同好，如何？」對曰：「君惠徼福於敝邑之社稷，辱收寡君，寡君之願也。」齊侯曰：「以此眾戰，誰能禦之？以此攻城，何城不克！」對曰：「君若以德綏諸侯，誰敢不服？君若以力，楚國方城以為城，漢水以為池；雖眾，無所用之！」屈完及諸侯盟。

試看在這些事件中，齊桓和管仲君臣，可曾做過一樁正經事？說過一句老實話？所做的都是詭譎不正的，所說的都是誇大欺人的！

桓公開不起玩笑，想休妻卻苦無說辭，竟演出休而不絕的鬧劇。等蔡人負氣把女兒改嫁出去，他又不肯服輸，發動魯僖公、宋公、陳侯、衛侯、鄭伯、許男、曹伯⑪率領各國人馬，組成八國聯軍，以伐楚為名，行侵蔡之實。桓公這次號召諸侯伐楚，絕非為了甚麼「公義」；但只為了一己之私，掩飾私德不修，卻腼顏伐蔡的醜行。他把侵蔡壓抑成伐楚的附帶行動，是唯恐被諸侯看

⑪ 見同年《春秋》。

穿，受到恥笑。他責問楚王包茅不入的罪行，乃算準這是容易彌補的小過，楚人必勇於擔當，那就可以顯示他真正出師有名。周昭王好遠遊，可是如何死於漢水，周人諱之，至今成謎⓬；桓公勉強把昭王之死，歸罪於楚王，是斷定他承受不起，必定拒絕，才好以進為退，擺足理直氣壯的架式，然後「光榮」下臺。

據《韓非子・外儲說・左上》及《史記・管晏列傳》，這件事從頭到尾是管仲替桓公設計的騙局，想令他藉此義於名而利於實——得為天子誅罪之名，完成他報讎解恨之實。這那裏談得上「正而不詐」或「能守經而不能行權」呢？鄭、劉以此為例，顯然不符事實，所以我們得從《左傳》裏重新尋找。

《左傳・僖公九年》有這樣一段記載：

夏，（齊侯與宰周公、魯僖公、宋公、衛侯、鄭伯、許男、曹伯⓭）會于葵丘。尋盟，且修好，禮也。王使宰孔賜齊侯胙，曰：「天子有事於文、武，使孔賜伯舅胙。」齊侯將下拜，

⓬《史記・周本紀》「昭王之時，王道微缺。昭王南巡狩不返，卒於江上。其卒，不赴告；諱之也。」《正義》引《帝王世紀》，謂「船人」以膠船進王，後膠在水中溶化，王沒於水中。《呂氏春秋・六・音初》則說王渡漢水，橋梁崩坍，墜於水中。

⓭見同年《春秋》。

孔曰：「且有後命。天子使孔曰：『以伯舅耋老，加勞，賜一級，無下拜。』」對曰：「天威不違顏咫尺，小白余敢貪天子之命無下拜，恐隕越于下，以遺天子羞。敢不下拜？」下，拜；登，受。秋，齊侯盟諸侯于葵丘，曰：「凡我同盟之人，既盟之後，言歸於好。」宰孔先歸，遇晉侯（獻公），曰：「可無會也。齊侯不務德，而勤遠略，故北伐山戎，南伐楚，西為此會也。東略之不知，西則否矣。其在亂乎？君務靖亂，無勤於行。」晉侯乃還。

孔子「齊桓公正而不譎」一語，應該針對這齊侯堅守常禮，不知權變，終於抗命下堂拜謝，孤負了天子破格優禮的美意，反襯得天子自毀禮法之事而言；是說他在處理這件事情上，守經有餘，而行權不足，具有貶責的意義。

桓公下拜受胙，《左傳》緊接在《春秋》讚美他尋盟修好的事件下記載；所以歷代注家都認為這節《傳》文的主旨，在於稱讚桓公守禮；那麼筆者憑甚麼提出上述的見解呢？

理由有二：就齊侯「下，拜；登，受」的行為言，

1. 桓公如果知禮，就不應該受胙；受胙是比不下拜更加嚴重的違禮行為。

按周朝制度，天子祭過祖先以後，只把胙賜給同姓（姬姓）的諸侯，共享祖先的福祐，表示關係的親密；異姓諸侯，只賜給夏、商二代帝王之後杞、宋之君，表示優禮⑭。齊桓姓姜，與周

⑭ 詳見《周禮・春官・大宗伯》「以脤膰之禮，親兄弟之國」注疏。

王異姓。襄王稱他「伯舅」——天子對異姓諸侯的一種尊稱⓯，已把親疏劃分得一清二楚；但因他已握有實際的霸權，便比照二王之後，破例賜胙給他，表示寵異。

桓公對這分破格的重賞，毫不猶豫地接受了，不曾謙辭。可是宰孔傳達襄王後繼的命令，叫齊侯受胙時把他應守的禮數略微提升一等，不必下堂拜謝；桓公卻突然守起禮來，表示如果從命，就是他為臣的在下破壞禮法，使天子蒙羞。於是他硬是一板一眼，下得堂去，拜謝如儀；登上堂來，恭敬領受。當時他根本沒有想到，這一番矯揉造作的表演，將置破格行賞——其實就是違禮行賞的襄王於何處？在場的諸侯看了，會產生甚麼樣的感想？子夏說：「大德不踰閑，小德出入可也」⓰。左丘擺明了桓公違背大禮而拘守小節的事實，顯然是責他失禮，並無讚美之意。

2. 左丘明已將貶責桓公之意，隱寓於宰孔告晉獻公的話中。

前引僖九年傳「宰孔曰」云云一節，歷代的注解都不清楚，以致文義闇昧；甚至像馬融那樣鴻博的大儒，也忽略了其中的貶責意味。

《傳》云「齊侯不務德⓱，而勤遠略⓲」，「不務德」是說他不好好整頓齊國的政教；「勤遠

⓯ 詳見梁履繩《左通補釋．六．使孔賜伯舅胙》。

⓰ 見《論語．子張》。

⓱ 德，謂國之善政。

⓲ 《左傳．僖公二十八年．令尹其不勤民．注》：「盡心盡力無所愛惜曰勤。」遠略，謂向遠方擴充勢力

略」是說他只曉得盡心盡力無所愛惜地向遠方擴充勢力範圍；「故北伐山戎（在莊公三十一年），南伐楚（在僖公四年，即問包茅不入之役），西為此會（葵丘之會）」三語，意在說明齊侯「勤遠略」的事實。而關鍵所在的「東略之不知，西則否矣」，杜預《集解》注釋道：

> 言或向東，必不能復西略。

據此注，「否」當音ㄈㄡˇ，一般有「不」、「不然」、「不可」等義。杜注以「不能」為說，當就「不可」引申而來，古書未見此例。再說在「西為此會」之後，為甚麼就「必不能復西略」，卻或可向東呢？孔穎達《正義》於此無說，大概「不能贊一辭」吧？

其實杜《解》是錯誤的。宰孔說這話時，先在心裏畫了一個以齊國首都臨淄為中心的坐標，據以說明四方的情況。當時齊侯已向北攻打過山戎，向南征討過楚國，向西又召開了這葵丘之會；只有東方他還未曾去過。因為尚未去過東方，將來向東方擴充勢力的成敗實不可知，故說「東略之不知」。又因為伐楚和山戎都是得勝的，當年人所盡知，所以宰孔只告訴晉侯「西則否矣」，「西」指葵丘之會；「否」應讀「臧否」之「否」（ㄆㄧˇ），不讀「是否」之「否」（ㄈㄡˇ）。《左

範圍，「遠」應借作動詞，「略」本疆界之意。

傳・宣公十二年》「執事順成為臧，逆為否」，就是這個「否」字的確詁，是不順利，亦即「失敗」的意思。「西則否矣」，是說這在西方召開的會議已經失敗了。

為甚麼這樣解呢？《史記・齊世家》載：

（桓公）三十五年（即魯僖公九年），夏，會諸侯于葵邱，周襄王使宰孔賜桓公文武胙、彤弓矢、大路，命無拜。桓公欲許之，管仲曰：「不可。」乃下拜，受賜。秋，復會諸侯於葵邱，益有驕色。周使宰孔會，諸侯頗有叛者。晉侯病，後，遇宰孔，宰孔曰：「齊侯驕矣，弟（姑且）無行。」從之。

注意：管仲所謂「不可」，是包括受賜和無下拜兩事說的；而下拜、受胙，則是桓公折衷自己和管仲的意見而做的。

《史記・晉世家》亦載：

（獻公）二十六年（即魯僖公九年），夏，齊桓公大會諸侯於葵邱。晉獻公病，行後，未至，逢周之宰孔。宰孔曰：「齊桓公益驕，不務德而務遠略，諸侯弗平。君第無會，毋如晉何。」獻公亦病，復還。

這兩處記載，都說秋天齊侯盟諸侯更加驕傲，則夏天受胙時已經傲慢無禮，可以想見。〈齊世家〉的「諸侯頗有叛者」，〈晉世家〉的「諸侯弗平」，都明明是據《左傳》「西則否矣」的「否」字說的；而這「否」是桓公下堂拜賜惹來的。葵丘之會，意在尋盟修好，結果卻落得「諸侯弗平」，「頗有叛者」，非失敗而何？《公羊傳．僖公九年》說：

> 葵丘之會，桓公震而矜之，叛者九國。震之者何？猶曰振振然。矜之者何？猶曰莫若我也。

同樣強調齊侯不可一世的狂態，也可作為佐證。

那麼桓公怎麼做才好呢？在諸侯眾目睽睽之下，他如果用管仲謀，堅拒王的美意，無論話說得多麼謙遜委婉，都會使王難堪，有損君子之道；不如基於「恭敬莫如從命」的敬長原則，權宜拜賜受命。仲尼不為已甚，應該贊成這個做法；不幸桓公受胙違命，固執守正之心，權變只得其半，孔子因此批評他「正而不譎」，可謂極盡精微，公允之至！

五、止惑

這段公案，還不能就此了結；因為古書上尚有很強的雜音。《國語．齊語》載：

葵丘之會，天子使宰孔致胙於桓公，曰：「余一人之命（『之命』二字因下文『天子之命』而衍。見《經義述聞・二十》）有事於文、武，使孔致胙。」且有後命曰：「以爾自卑勞，實謂爾伯舅，無下拜。」桓公召管子而謀，管子對曰：「為君不君，為臣不臣，亂之本也。」桓公懼，出見客曰：「天威不違顏咫尺，小白余敢承天子之命曰『爾無下拜』，恐隕越於下，以為天子羞。」遂下，拜；升，受命。賞服大輅，龍旗九旒，渠門赤旂。諸侯稱順焉。

《管子・小匡》本之，在其「亂之本也」句下，增添了

桓公曰：「余乘車之會三，兵車之會六，九合諸侯，一匡天下。北至於孤竹、山戎、穢貉、拘秦夏，西至流沙、西虞，南至吳、越、巴、牂牱、䍧、不庾、雕題、黑齒。荊夷之國，莫違寡人之命，而中國卑我！昔三代之受命者，其異於此乎？」管子對曰：「夫鳳皇鸞鳥不降，而鷹隼鴟梟豐；庶神不格，守龜不兆，握粟而筮者屢中。時雨甘露不降，飄風暴雨數臻，五穀不蕃，六畜不育，而蓬蒿藜藋並興。夫鳳皇之文，前德義，後日昌。昔人之受命者，龍龜假，河出圖，雒出書，地出乘黃；今三祥未有見者。雖曰受命，無乃失諸乎？」

一節；又在其「諸侯稱順焉」之前，補入

> 天子致胙於桓公，而不受。天下

十二字。其餘僅數字之異，但文義全同。

這兩部書，都說桓公意欲受命而咨詢管仲，但所述管子的答辭，太史公只用「不可」一語就已完全概括，了無餘義。也足證「下，拜；登，受」，是桓公折衷自己的主張以及管子的意見後所採取的行動。但是其「諸侯稱順焉」的結論，就和前文的考述極端對立了；這又該如何解釋呢？

很簡單，〈齊語〉採自齊之國史，所記的是齊人之語、齊人的觀點。齊史為了維護國君的顏面，當然可罔顧事實，把桓公「下，拜；登，受」不得體的行為，說成「諸侯稱順焉」的美事。纂輯《管子》的學者，一定也是齊人，他沒有察覺〈齊語〉的矛盾，變本加厲地增添了一大段只能加深桓公驕恣的色彩，卻絲毫沒有幫助的廢話。所補「天子致胙於桓公，而不受」一語，竟說桓公所辭的是胙，尤其荒唐可笑。這種胡言亂語，更不可據為典要。

總之，桓公當時處於大庭廣眾之中，面臨突然發生的情況，對襄王的胙和後命，最好是順承王的美意，一同謙恭地接受下來。無奈他竟自詡守禮，卻收下了不當得的胙；意在尊王，反突顯出王自毀名器、破壞體制的過惡；一舉就犯了雙重錯誤，表現得自私而狂傲，因此失去諸侯。

《晉書・王導傳》有一段相關的記載：

（成帝咸和）六年，冬，蒸。詔歸胙於導，曰：「無下拜。」導辭疾，不敢當。

晉帝無視於歷史教訓，繼續玩賜胙的遊戲，可謂不足為訓；那麼王導託病婉拒，又如何呢？這次的賞賜，應是在王導家中進行的，而且使者宣命之前，必已先通知過王導；所以王導的遭遇，和齊桓完全不同。王導在沒有出面會見使者，事件沒有正式發生之前，搶得機先，託病婉辭，使一場必然引起風波的事件消弭於無形，維持了君君、臣臣的分際，的確高明非凡，無懈可擊。《晉書》中再也沒有提到此事，當然是王導事後和成帝溝通的結果。他所持的理由，應是《管子》所載管仲對桓公說過的「為君不君，為臣不臣，亂之本也」。這話是說王違禮賜胙且命無下拜，即是不君；臣受胙承命而弗讓，即是不臣❶❾；君不君則為臣所干犯，臣不臣必陷於篡弒之誅❷⓪，均為禍亂之事，故云「亂之本」。於王命未發之前，用這話勸阻王，可謂至理名言；但於王命既發以後，用來諫止諸侯接受王命，就不得體了。這道理是非常精微難辨的。有時候，知權似乎比守正更難，所以《文子・道德》有言：

❶❾ 本唐尹知章注。

❷⓪ 本《史記・太史公自序》引董仲舒語：「夫君不君則犯，臣不臣則誅。」

> 唯聖人為能知權，言而必信，期而必當，天下之高行；直而證父，信而死女，孰能貴之？故聖人論事之曲直，與之屈伸，無常儀表。祝則名君，溺則捽父，勢使然也。

是很有見地的。不深究此理，孔子批評桓、文的深心，就永遠不能理解了。

「民可使由之」章經義復始

一、引言

袁枚在所撰〈論語解四篇〉❶第二篇中，有一段發人深省的話：

《論語》一書，須知命名之義。論，議論也，語，語人也。自〈學而〉起，以至卒章，皆與人議論之語，而非夫子之咄咄書空也。記者記其言，而不記其所以言，致注疏家往往窒

❶ 見《小倉山房文集・卷二十四》。

礙。其答弟子問者，則詳於師說，而略於問辭。記言之體應爾也。

就是因記者有時只「記其言，而不記其所以言」，所以《論語》中有一些孔子的言論異常突兀，從古至今，不斷引起爭議，尤其〈泰伯〉篇中錄有

民可使由之不可使知之

只有十個字的孔子獨白，注疏家不但在注釋上無法取得共識，即使在句讀上也有四種歧異。本文將先對前儒的業績作一總括的評述，再探索孔子言此的背景，蠡測經文的本義。所引諸書，凡不為之作注者，均取自《無求備齋論語集成》。

二、舊績的評述

前儒的注疏，可分為以鄭玄、何晏為首的漢魏學派，以程子、朱熹為首的宋學派，以及民國前後的近代學派。分述於下：

(一)漢魏學派

此派為本章所作的句讀是：

民可使由之，不可使知之。

鄭玄注見於各輯佚本者作：

民，冥也。其見人道遠❷。由，從也，言王者設教，務使人從之。若知其本末，則愚者或輕而不行❸。

見於伯希和二五〇一號敦煌本《論語鄭氏注殘卷》者作：

由，從也。民者，冥也。以王道教之，必從。如知其本末，則暴者或輕而不行。❹

❷ 見《儀禮・喪服傳・疏》。

❸ 見《後漢書・方術傳・注》。

二者頗有異同，但其義相輔相成。下引各家，均本前者為說。梁章鉅《論語旁證・卷八》，謂臧琳以為此注「文意周浹」、「深得聖人『不可』二字之旨」，並引趙佑《溫故錄》：

民性皆善，故可使由之。民情本愚，故不可使知之。王者為治，但在議道自己，制法宜民❺，則自無不順。若必事事家喻戶曉，日從事於語言文字之間，非惟勢有所不給，而天下且於是多故矣；故曰「不可」。

潘維誠《論語古注集箋・八》云：

「民者，冥也」，出《孝經援神契》。《經義雜記》曰：「《書・堯典・正義》引《六藝論》云：『若堯知命在舜，舜知命在禹，猶求於群臣，舉於側陋，上下交讓，務在服人。孔子曰：「人可使由之，不可使知之。」此之謂也。』與此注義同，皆言愚者不可使盡知本末也。疑鄭注《魯論》本作『人可使由之』，《六藝論》引同，故注云『務使人從之』，不作『民』字。」維城案：「民」之作「人」，當是仲達避唐諱，非必《魯論》異文也。《春秋

❹ 見《論語鄭氏注輯述》頁二八三，鄭靜若著，學海出版社。

❺《禮記・表記》：「是故君子議道自己，而置法以民。」

繁露・深察民（浩按：「民」當作「名」）號》篇云：民者，瞑也；民之號，取之瞑也。《書・多士・序》「遷頑民」，鄭注：「民，無知之稱。」《荀子・禮論》「外是民也」，楊倞注：「民，泯無知者。」皆足證不可使知之義。

其實鄭注的自身，已顯出康成作注時的矛盾與不安。他對「民」字不作明確的義訓，而用音近的「冥」字作為聲訓，導引讀者因聲求義，把「民」理解成心靈幽暗、蒙昧無知，只能服從在上者教命的低級人類。但又恐眾多之「民」雖似懵懵無知，卻未必盡皆不可習知本末；所以在解「不可使知之」時，又縮小其範圍，欲僅指民之「愚者」或「暴者」（謂性情暴躁不肯受教者）而言。又恐苟遇愚暴之民，即黔驢計窮，「不可使知之」，在上者將蒙拙於教化之譏；故復用「或輕而不行」，加以收束。於是在重重約束之下，「民」的義蘊，更加含胡不清；「民」的層次，也每況愈下。而且「愚（或暴）者或輕而不行」中的「或」字，有「或許」、「有的人」二義可用，「輕」字則有「輕忽」、「輕蔑」、「輕佻」等訓可選，如何取捨組合，也令人煞費斟酌。此外，孔子這句話連用兩個稱代詞「之」，從常理判斷，應是同指一物，不當各有所稱。但綜合輯佚和敦煌兩個鄭注版本，則「由之」的「之」，指王者教民的正道；「從之」的「之」，卻指王者設教的本末原委。果真如此，則聽孔子說教，形同射覆，恐無此理。

鄭注迷失徬徨如此，臧、潘或許以溢美之辭，或在無關緊要處說明鄭注的來源；趙佑僅發揮康成愚民不可使知的見解，不計其他；均不得謂之知言。

明呂留良《論語講義・十一》云：

1. ❻「民」者，對士大夫以上而言。但將「民」字位分畫清，則「可」、「不可」之故瞭然矣。先王教民只重行教，士大夫以上卻重知。同在庠序學校中，而由者為民，能知者即士大夫以上。「民」之分量，只得如此；其中稍有聰明者，先王即舉而用之矣。

2. 「可使」、「不可使」，有只在民資質上說者，有只在聖王設教上說者；然惟民之資質如此，故聖王之設教亦然，偏靠一邊不得。

3. 「由」與「知」有兩事，兩「之」字原只一理。兩「之」字只是一理，「知」即是「由」中所以然之故。若看做兩件，便是有所隱諱也。「使由」處，聖人正用全副精神，所知之理已盡在其中，固非別有欺瞞，亦非斷然不許明白也。

4. 「可」字訓「能」字，此是民自天生如此，非聖人有意于其間，纔有意，便是「使」；纔使知，便害事。強不知以為知，究竟無知者，正是不能使知也。

❻ 各條上的阿拉伯數字，乃筆者為便於評析所加。後同。

呂氏已察覺鄭注的弊端，故思援引朱子《集註》說，闡釋補正。其第1.條，意在匡正鄭玄愚民之說的褊狹，乃把有分量的民劃分到士大夫族群裏去。此說殊為勉強。第2.條，以為鄭注只在民資質上說，朱注只在聖王設教上說（後詳），各有所偏；但他的兼容並蓄之道，其一是略微縮小愚民的範圍，其二是降低「理」的層次。故第3.條說明兩「之」字雖指兩事，只是一理——日常的道理，謂「由之」指依道理行事，「知之」指知道理之所以然。仍未跳脫舊解的圈套。王夫之有類似的看法，請參閱下節所引。第4.條闡釋何晏集注以「能」訓「可」之理，不用鄭注。可惜，如此大費周章，仍不能使聖人免於蔑視人民、拙於施教的罪名。

牛運辰《論語隨筆・卷八》云：

> 1.「不可使知之」，謂不能使知之。但說不能使，便似聖人窮於用教了；不可使，自是百姓本分上不可耳。
>
> 須看「民」字，謂凡民耳。原與學士、大夫不同。
>
> 2.「使」字中，有道之、齊之之法，便有馳迫之意。「知之」，必待其自覺，非關使也。如此看方得。
>
> 3.必使知之，則人求知之心勝，而由之不安；甚者遂不復由，而惟知是務，其害豈可勝言？如此說出使知之害極透，不可之義始盡。

4.由之之久在民，亦未嘗不知，但非使之之力耳。

第1.條本呂留良說，前已辨其不當。由其「便似聖人窮於用教」一語，可見牛氏於兩「之」字，仍用鄭注。第2.、4.條，言王者設教，不驅迫百姓知其設教的本末，但使由之既久，自覺而知之。果如其言，則民皆「雖無文王猶興」的豪傑之士❼，不可謂之「凡民」。第3.條言使知之害，將令民務求王者設教的本末，不復從其教命。王者教民，絕非令知設教的本末；且民由之尚能自覺而知，教之反不復由，其理難通。故知牛氏此說，斷非孔子之意。

稍晚於鄭氏注的代表作，是魏人何晏的《論語集解》。《集解・卷四》注此章云：

「由」，用也。可使用而不可知者，百姓能日用而不能知也。

以「用」訓「由」，以「能」訓「可」，以「百姓」說民，與康成不同；百姓的層次比民之愚暴者高。他對經文關鍵所在的兩個「之」字，沒有注解；同時也把應在注文「用」下、「知」下出

❼《孟子・盡心・上》：「孟子曰：『待文王而後興者，凡民也。若夫豪傑之士，雖無文王猶興。』」

現的四個「之」字，一概省略。但由「百姓能日用而不能知」本《易・繫辭・上》「一陰一陽之謂道，繼之者善也，成之者性也。仁者見之謂之仁，知者見之謂之知，百姓日用而不知，故君子之道鮮矣」，知所省的「之」，皆指天道或聖人君子之道而言。

因此，梁皇侃《論語集解義疏・卷四》為他疏理如下：

> 此明天道深遠，非人道所知也。「由」，用也。元亨日新之道，百姓日用而生，故云「可使由之」也。但雖日用，而不知其所以；故云「不可使知之」也。

這段文字，除了援引《周易》申張《集解》「由，用也」之義，大體本鄭注敷衍，形成與漢學派合流的態勢；但他猶覺未安，故別引晉人張憑之說，以申新義：

> 張憑曰：「為政以德，則各得其性，天下日用而不知；故曰『可使由之』。若為政以刑，則防民之為奸，民知有防，而為奸彌巧；故曰『不可使知之』。」言為政當以德，不可用刑；民知其術也。

皇疏的前段，宋邢昺《正義》改訂如下：

> 此章言聖人之道深遠，人不易知也。由，用也。民可使用之，而不可使知之者，以百姓能日用而不能知故也。

《易・繫辭・下》云：「有天道焉，有人道焉。」然天道即聖人所秉之道，故皇疏「天道」，《正義》改稱「聖人之道」；「非人道所知」，謂非勉用人道（人類社會的道德規範）之「民」所能知，《正義》述作「人不易知」。「元亨」，見《易》乾、坤二卦卦辭，元為始，亨為通，故「元亨日新之道」，即始通日新之道；辭義晦澀，《正義》逕行刊落。

至皇疏引張憑說，張氏之意，本謂王者可使百姓日用道德，不可使知曉刑法。皇侃誤解其義，以「言為政當以德，不可用刑」說之，與此章經義齟齬，《正義》一併刪削，張說遂不為後世所重。這是很可惜的事，後文將詳加申述。

皇、邢二疏，都忠實地闡明了《集解》之義。《集解》把「民」字說成平民百姓，把兩個稱代詞「之」同指一事，都比鄭注進步。雖然把「民」的階位加以提升，也相對地把「之」所指稱的，由王者之道提升為天道，加以平衡，以免拙於教化之譏。但把億萬人民都看得如此平庸，全都不能達道，豈至聖先師之意？公孫丑曰：「道則高矣、美矣，宜若登天然，似不可及也。何不使彼為可幾及而日孳孳也？」孟子曰：「大匠不為拙工改廢繩墨，羿不為拙射變其彀率。君子引而不發，躍如也。中道而立，能者從之。」[8]孟子猶不肯改廢其道，何況孔子！此系各家，實公孫丑之流亞。

又有宋陳詳道《論語全解・卷四》云：

> 聖人制行，以人不以己；議道，自己不以人。不以己，故禮方而卑，所以廣業，而其仁顯；不以人，故智圓而神，所以崇德，而其用藏。顯，故民可使由之；藏，故不可使知之。《易》曰：「百姓日用而不知。」孟子曰：「終身由之而不知其道者，眾矣。」❾是也。惟其不知，故不可使知。故不可使知之而必其知，則是以己之所能者病人，以人之所不能者愧人。是雖至於折骨絕筋，亦無益矣。此所以有餘，不敢盡也。若夫老子所謂「古之善為道者，非以明民」❿；莊子曰：「聖人者，天下之利器，不可以示人」⓫；則進於此矣。

他首先據《禮記・表記》及《易・繫辭・上》，以為民可由的是所以廣業之禮，不可使知的是

---

❽ 見《孟子・盡心・上》。

❾ 同❽。

❿ 見王弼注《老子・六十五章》。

⓫ 撮引《莊子・胠篋》：「故曰：魚不可脫於淵，國之利器不可以示人。彼聖人者，天下之利器也，非所以明天下也。」

所以崇德的智。他認為聖人施教而有所保留，是為了不敢傾囊相授。最後引老、莊言，以明孔子此言不為已甚。除引《孟子》以證《集解》「百姓能日用而不能知」，盡皆似是而非之談，可以無論。

劉寶楠《論語正義》，可謂漢魏學派的殿軍。他說：

1.凌氏鳴喈《論語解義》，以此章承上章詩、禮、樂言，謂詩、禮、樂可使民由之，不可使知之。其說是也。愚謂上章是夫子教弟子之法，此「民」亦指弟子。……（夫子弟子三千）自七十二人之外，凡未能通六藝者，夫子亦以詩、書、禮、樂教之，則此所謂「可使由之不可使知之」之「民」也。……

2.鄭此注云：「民，冥也。……若皆知其本末，則愚者或輕而不行。」……本末，猶終始輕重。若皆使民知之，則愚者以己為知道而輕視之，將恐不能致思，妄有解說，或更為訾議，致侮聖言也。……

此章《正義》，凡一千一百五十餘字，但異常粗疏，對關鍵詞的解釋，幾乎一無可取，為全書罕見的敗筆。節錄要點如上，以見梗概。

第一條引凌氏，以此章承上章「子曰：興於詩，立於禮，成於樂」言。這是很值得參考的；

前言禮樂，此言政刑，極有可能。然淩氏以詩、禮、樂可使民由之，不可使知之。劉君亦以為是，且謂「民」指弟子，指孔門七十二賢以外為數三千左右的全部弟子。相信任何人讀了，都會掩卷太息。試想孔子既不願使弟子知曉詩、書、禮、樂，又怎能使他們由之？他又何必教之以六藝？何況師稱弟子為「民」，也是曠古未聞的奇譚。

第二條解鄭注「若皆知其本末」云云，列舉愚者的反應只有一項，孔子就因此恐怕他們有侮聖言，盡棄弟子三千，不使知之。不但把事情看得過分單純，也有辱至聖先師的令譽。康成作此注時，處處為孔子的聖德設想，必不至含有此義。

以上研討的，是漢魏學派的業績。

㈡宋學派

《論語》宋學一派，奉二程子與朱熹為宗主。他們為本章斷句，也是：

民可使由之，不可使知之。

朱熹《論語集註・卷四》云：

民可使之由於是理之當然，而不能使之知其所以然也。

程子（頤）曰：聖人設教，非不欲人家喻而戶曉也。然不能使之知，但能使之由爾。若曰聖人不使民知，則是後世「朝四暮三」之術也⓬，豈聖人之心乎？

朱子認為經文兩個「之」字，分指「理之當然」及「理之所以然」。而「民」、「由」二字，似從通解，一謂庶民，一謂遵從，未作詮釋。至二「可」字，則從程子訓能。凡此，與鄭、何之注，大異其趣。他從何注，以為「民」就是百姓、庶民、人民，當然無可訾議。但為不使孔子蒙愚黔首的惡名，他認為漢魏學者用「之」指「天道」或「聖人之道」，層次仍不夠高；不使知之的理由，仍不夠充分；於是語涉玄虛，代之以「理之當然」及「其所以然」。毫無疑問，理之所以然如果孔子懂了，想說也說不清楚，就不能怪他三緘其口了。此說非常神妙！只因太神妙了，不免難倒時人弟子；我們在胡廣的《論語集註大全》中，可見朱子多方說教的一斑。《大全‧卷八》載：

1. 朱子曰：民但可使由之耳，至於知之，必待其自覺，非可使也。由之而不知。不害其為循理；及其自覺此理而知之，則沛然矣。必使知之，則人未知之心勝，而由之不安，甚

⓬「朝四暮三」，典出《莊子‧齊物論》，而《列子‧天帝》引之以申「聖人以智籠群愚」之意。程子實本《列子》為說。

者遂不復由，而惟知之為務，其害豈可勝言？由之而自知，則隨其淺深，自有安處。使之知，則知之必不至。至者亦過之，而與不及者無以異。此機心惑志所以生也。

2. 所由雖是他自有底，卻是聖人使之由。如道以德，齊以禮，教以人倫，皆是使之由，不可使知。不是愚黔首，是不可得而使知之，無緣逐箇與他解說。

3. 問「不知」與「百姓日用而不知」同否？曰：彼是自不知，此是不能使之知。

4. 不可使之知，謂凡民爾。學者固欲知之，亦須積累涵泳，由之而熟，一日脫然自有知處乃可；亦不可使之強知也。

5. 理之所當然者，所謂「民之秉彝」，百姓所日用者也。聖人之為禮樂刑政，皆所以使民由之也。「其所以然」，則莫不原於天命之性，雖學者有未易得聞者，而況於庶民乎？其曰「不可使知之」，蓋不能使之知，非不使之知也。

6. 潛室陳氏曰：謂政教號令，但能使民由行於中，不能使民洞曉其理。非不欲使之曉也，勢有所不能。故曰「百姓日用而不知」。

7. 陳氏曰：所當然，如父當慈、子當孝之類。所以然，乃根原來歷，是性命之本處。

8. 新安陳氏曰：此「理」，當然之則，必有所以然之故。當然之理，雖凡民可律以持循；其所以然之妙，在學者難遽求其領會，而況於凡民乎？

9. 雙峰饒氏曰：兩「之」字，皆指此「理」而言。民可使之由此理，不可使之知此理。堯

> 舜率天下以仁，而民從之；桀紂帥天下以暴，而民亦從之。以其無知故也。若得仁為是，暴為非，則帥之以暴而不從矣。以此觀之，民不特不曉其所以然，於所當然者亦未易使之曉。

《大全》所引的前五條，都是朱子之言，主要在發明程子「不能使之知」的道理，但第二條「不是愚黔首」以下，顯然與程說牴牾。至於「其所以然」，僅第五條略為一提，語焉不詳，似有雖學者也不能使知之意。至第六條引陳植，第七條引陳用之，第八條引陳櫟，凡三說，均欲對朱注作較為平實的修訂，但無力挽救原注陳義過高的弊病。第九條引饒魯「兩『之』字，皆指此『理』而言」之說，則已背離朱注；其言孔子不能使人民知理，尤不可取。

宋張栻《癸巳論語解・卷四》解本章云：

> 此言聖人能使民由是道，而不能使民知之也。凡聖人設教，皆使民由之也。聖人非不欲民之知之，然知之係乎其人，聖人有不能與，故曰「不可使知之」。然使之由之，所謂「知之」之道固在其中矣。蓋有由之而不知者，未有不由而能知之者也。然則《孟子》所載放勳之言曰「使自得之」[13]者，與此異乎？無以異也。蓋曰自得，則亦係乎彼而已。

朱子之言，多與此說相合者，未知《大全》何以不錄？

清黃式三《論語後案・卷八》云：

> 事必知之，而由之始篤。民豈無能知之者？然世有愚民，能使之畏威寡罪，不能使之就學而明故。事所宜行，倘或不行，使之可也。若有不能知者，而必使之知，別滋其心之惑，而多其事之歧耳。「由」與「知」無不可，「使之」則有可、有不可，此為民之不自由、不求知者言也。

很明顯，他不滿程朱不能使百姓知的說辭，這是對的。但他不自覺地退回漢人以愚民說「民」的歧路。

王肇晉《論語經正錄・第八》引陸稼書曰：

> 孔子之言，非聽其不知之謂，正欲治民者多方開導，以使之知也。蓋民不知其所以然，則可由可不由；能由於一時，而不能不畔於異日。法制雖定，而天下之治亂未可知，此聖人

---

⑬ 見《孟子・滕文公・上》。

所深憂也。是故庠序學校之設，月吉讀法之舉，皆使之知其所以然也。夫能知其所以然之後，其所當然者可由之而不變。即天下之民不能盡知，而浸灌之久，務令知者常多，不知者常少，則亦相與維持夾輔以共由於大道。雖有蠢然無知之民，亦安於所當然而不變。是以成、康之際，風俗淳美。迄幽、平之亂，而先王之遺風尚在。使當日教導之不切，浸灌之不深，徒責之以當然，而不使之知其所以然，豈能若是之久而不變哉？

並附按語：

用誥謹案：此說即朱子「待其自覺」之義，本章言外之旨，非與《集注》異也。

倘從陸文起首的語氣看，王氏的後案似乎是對的。但從其尾段看，則陸氏所申張的「言外之旨」，與《集註》「不能使之知其所以然」，絕對是對立而不相容的。所以他的議論不但和他立論的本心自相矛盾，也對程、朱的釋義造成很大的傷害，令人懷疑其正確性。

元胡炳父《論語通・卷四》，在上述《大全》所引的朱子說外，徵引《朱子語錄》一則：

《語錄》：民可使之仰事俯育，而不可使之知父子之道為天性；可使之奔走服役，而不可

> 使之知君臣之義為當然。

此條所說的，都是淺近的道理，中人以上，不難知曉，與注文有很大的出入。胡氏在本章所引各說後云：

> 一貫之妙，惟曾子早悟其旨。性與天道，子貢晚乃得聞。是則理之所以然者，雖從游於孔門者，猶不能使之盡知，而況在下之凡民乎？聖人之於民，甚欲使之知，而不能使之知，此固所深歎也。

他把忠恕之道和性與天道並論，就混淆了「理之當然」與「其所以然」的分野；把經文兩個標準的判斷句，曲解為感歎句，在語法上也說不過去。

其實朱子原注，疑難重重，連他自己也說不透徹、難以厭服人心；加上各種附和的雜說，又多少羼入了個人的私見；那是任何人也無法會通的。在這種情況下，學者想另闢蹊徑，如胡氏之曲解經文，陸氏之寄情言外，雖治絲益棼，卻令人不忍深責。

朱注之失，王夫之於《四書訓義・卷十二》中，曾嚴加指斥：

子曰：先王之治，齊小人以禮。而出乎禮即入乎刑，未嘗本性命以立教。以喻民於同然皆得之真，則或疑不知而行，將無以移易人心，而使之樂於為善而。非也。天之生人也同，而人之習以成性者異。夫既為民矣，其父兄之所率，鄉黨之所狎，知有飽煖逸居而已；進之孝友婣睦，尊君親上，免於淫僻而止耳。為之禁其非，定其分，行乎不得不然之途，所可以以貴治賤，以賢治不肖，而使之由者也。若其「所以然者」，君之何以尊，父之何以親，人之何以不可違天，情之何以不可悖性，則其幼之所未聞，長之所不信。無靜可存，無動可察，而欲使知之，必不可也。由此理也，知亦此理也。先知先者顯其用於德行，則亦足以導天下於中正和平之中，而風俗美矣。後世有異端者，欲以性命之理偏喻愚賤，非貶道以殉俗，則立意以驚眾，言之諄諄，及於猥瑣，適足以生君子之厭惡，而惑小人之狂迷。然後知先生之教，通天下之志而成其務，為不可及也。

船山以為「先王之治，齊小人以禮。而出乎禮即入乎刑」；宋儒性理之說，適足惑小人之狂迷。真是義正辭嚴，發人猛省。但他自立的新解，與本文二㈠一節引呂留良說第3.條相似而加詳，如「由此理也，知亦此理也」，似即呂氏「兩『之』字只是一理」之義，似皆本《大全》引饒魯「兩『之』字，皆指此『理』而言」為說，亦不足袪人之疑。前已辨之，不復贅述。

康有為《論語注．卷八》，在此章下先引鄭注及《集註》所引程子說，又說：

《韓詩外傳》：「《詩》曰：『俾民不迷。』昔之君子道其百姓不使迷，是以威厲而刑厝不用也。故形其仁義，謹其教道，使民目晰焉而見之，使民耳晰焉而聞之，使民心晰焉而知之，則道不迷，而民志不惑矣。《詩》曰：『示我顯德行。』故道義不易，民不由也；禮樂不明，民不見也。《詩》曰：『周道如砥，其直如矢。』言其易也。『君子所履，小人所視。』言其明也。」[14]孔子之欲明民，至矣。然中人以下，不可語上。《禮・緇衣》曰：「夫民，閉于人而有鄙心。」董子曰：「民者，瞑也。民之號，取之瞑也。」孟子曰：「行之而不著焉，習矣而不察焉，終身由之而不知其道者，眾也。」如以神道設教，則民以畏服；若明言鬼神無靈，大破迷信，則民無所忌憚，惟有縱欲作惡而已。故可使民重祭祀，而鬼神之有無、生死，不必人人知之。凡此，皆至易明者。孔子曰：「道之不明也，我知之矣。智者過之，愚者不及。」深憂長歎，欲人人明道。若不使民知，何須憂道不明，而痛歎之乎？愚民之術，乃老子之法，孔學所深惡者。聖人徧開萬法，不能執一語以疑之。且《論語》、六經多古文竄亂，今文家無引之。或為劉歆傾孔子偽竄之言，當削附古文中。

他多方引述，以證孔子深惡愚民之術；但仍以鄭玄、程子所言，即《論語》此章之意，必欲

[14] 見《韓詩外傳・卷三》，本文之末，錄有其前後文，請參看。

刪之而後快。態度的專橫，出人意表，令人無法苟同。且康氏「然中人以下，不可語上」至「凡此，皆至易明者」一節所採取的資料，都是他人援之以說「不可使知之」的堅強論據；康氏竟作相反的運用，以證「聖人欲人人明道」，也非常矛盾。

宋學派的理論，七百年後淪落到要被人刪削的地步，豈不哀哉？

(三) 近代學派

晚近二百年來，其不從漢、宋主流之說，而各抒己見的學者，本無門派可言；但他們人自一派，則為共同的特色。無以名之，姑稱為「近代學派」。

如江聲《論語竢質・卷中》創為

> 以教化甄陶斯民，可使常游于吾甄陶之中，不可使知吾甄陶之也

之說。劉開《論語補註・卷中》闡以

> 聖人利物濟世，其創法制宜，用權行道，要使吾民行之有裨而已，固不能使之曉吾意也

之義。蔣伯潛認為兩「之」字均指「政令法律」，「不可」是不能之意。並說近人有以此章所記孔子的話，為專制政治的愚民政策者，是誤解「不可」二字的緣故。此章意義，實與孫中山先生的「知難行易」、「不知亦能行」的學說相符。⑮

而嚴靈峰《讀論語札記》則以鄭注、何注為是，張憑、皇侃、程、朱之說並非。他說：

> 《孟子・盡心》篇：「孟子曰：『行之而不著焉，習矣而不察焉，終身由之而不知其道者，眾矣。』」又《商君書・更法》篇：「語曰：『愚者闇於成事，知者見於未萌；民不可與慮始，而可與樂成。』」此即「可使由之，不可使知之」之意；足證商鞅之時，民間已流行此諺；鞅既引此說，則未必為法家言也。則孔子之出此言，後人固無用為之曲諱也。

以為孔子此言，果有低估民智或「輕視教育」（楊樹達語，見《論語疏證・卷八》）之病，並流行於戰國之世。

⑮ 見《論語新解・泰伯》頁一一一，蔣伯潛著，啟明書局。

這些說法大氐率意為之，並未提出明確的實證。

因為照傳統的句讀，始終未讀出道理；於是近世又興起了重新為此章斷句的潮流。

1. 陳漢章以為應斷作

民：可，使由之。不可，使知之。

他在《論語徵知錄》中，首先引經據典，證明「凡聖人皆明民，不愚民」。然後說：

而此經謂使民不昭，然而不明開施教，非聖意也。竊以為讀此經，當於「民」字句絕，「可」字、「不可」字下句逗，「使由之」、「使知之」下句絕。可者，使民由之。不可者，使民知之。言民當由所可由，而知所不可由。一離經辨句，而其誼憭如矣。《中論・慎所從》篇引孔子曰：「知不可由，斯知所由矣。」今本《論語》及諸古書，並無《中論》所引之文，蓋即此經相傳誼訓。自徐偉長外，皆失其讀，而謂聖人愚民，何其誣也！

「知不可由，斯知所由」，和「由所可由，而知所不可由」，恰好是相反的說辭，在道理上雖講得通；但甚麼「可由」，甚麼「不可由」，卻使人高深莫測。

2. 宦懋庸以為當讀作

> 民可，使由之。不可，使知之。

他在《論語稽》中，作如下的解釋：

> 對於民，其可者，使其自由之；而所不可者，亦使知之。或曰：輿論所可者，則使共由之；其不可者，亦使共知之⑯。

陳義與前說相仿，其病亦同。但喬一凡《論語通義・第八》，採用了這個讀法，說：

> 「民可」句。民可，民同意也。「使由之」，教民行之。「不可」句。不可，民不同意也。「使知之」，教民知之。政所以為民，非為主民也。使知之，即說服之，使其知曉，而後行之也。⑰

⑯ 見《論語集釋・卷十五》引，頁四六一，程樹德著，藝文印書館。

⑰ 見該書頁一二六，中華書局。

他以為經文中兩個「之」字，並指所施之政。此政人民同意則可，苟不同意，必勉強說服而後已。仍不免輕視民智、民主專政之嫌。

3. 喬氏又介紹了一種特別的讀法

> 民可使，由之。不可使，知之。

他說：

> 在他邦，亦有讀為「民可使」句，「由之」句，「不可使」句，「知之」句。但亦不合真民主之本旨，轉啟民主專政之思矣。⓲

此說南懷瑾《論語別裁》以為始於康有為、梁啟超⓳。皆未詳其所本。這樣讀，則二「之」指民，而「由」、「知」必須用作致使動詞，義始可通。聖人說教，必不如此曲折。

以上三種句讀，甚為機巧；但經書章句自有其傳統，實不容如此幻變。

⓲ 見《論語通義》頁一二七。

⓳ 見該書上冊，頁三八七，老古出版社。

三、真義的蠡測

綜合漢、宋迄今學者的解經之辭，我們發現：

1.絕無一人探討孔子發為此言的背景，僅據這語意空洞的十字經文立說。

2.他們都對孔子尊重人民、盡心教育，懷有無比的信任之心，崇拜之情；都認為這十個字如解不好，可能為孔子塗上專制愚民的色彩，貼上拙於教化的標籤，有辱他的聖名；因而在落筆闡釋時，態度都嚴謹可佩。

但在真象不明的狀態下，三派學者走了三條不同的路線：

1.漢學派均以聖道深遠，絕不可能使「民」知曉為說。他們都用壓抑「民」之資質為手段，把「民」說成全體人民中不能受教的「愚者」或拒絕受教的「暴者」，以沖淡孔子專制愚民的色彩。但孔子口中的「民」，恆指天下所有的人民，絕無用以稱呼其中某一族群的例證。此說既難以成立，則沖淡的效果因而不彰。

2.宋學派的學者，認為「民」即凡民百姓，不容異議。而用提升兩個「之」字的層次為手段，以上「之」指「理之當然」，即「民所秉執之常性」，百姓所日用者；以下「之」指「理之所以然」，指「原於天命之性」，雖學者有未易得聞者。藉以表明聖人不能使民知曉的無奈，使孔子避免拙於施教的嫌疑。但先王之治，何嘗本性命以立教？那形而上的性理之學，孔子何曾講論？理學家又何曾說清楚過？等到修正派以「理」（《大全》引新安陳氏、雙峰饒氏）、「道」（張栻）為說之時，就抵銷了程朱所作的努力。

3. 近代學者，在舊解的迷霧中摸不到出路，便在句讀上標新立異，把兩個「之」所指稱的事物盡力模糊化，以便唯其所用。但都把經文講得平淡無味，不似聖人言語。

有鑑於此，筆者想到春秋時學士大夫曾為應否公布法典，發生過一場長期的辯論，或與此經有關。《左傳・昭公六年》載：

> 三月，鄭人鑄刑書（注：鑄刑書於鼎，以為國之常法），叔向使詒子產書，曰：「始吾有虞於子，今則已矣。昔先王議事以制，不為刑辟，懼民之有爭心也。猶不可禁禦，是故閑之以義，糾之以政，行之以禮，守之以信，奉之以仁。制為祿位，以勸其從；嚴斷刑罰，以威其淫。懼其未也，故誨之以忠，聳之以行，教之以務，使之以和，臨之以敬，涖之以彊，斷之以剛；猶求聖哲之上，明察之官，忠信之長，慈惠之師；民於是乎可任使也，而不生禍亂。民知有辟，則不忌於上。並有爭心，以徵於書，而徼幸以成之，弗可為矣。夏有亂政，而作《禹刑》；商有亂政，而作《湯刑》；周有亂政，而作《九刑》；三辟之興，皆叔世也。

今吾子相鄭國，作封洫，立謗政，制參辟，鑄刑書，將以靖民，不亦難乎？《詩》曰：『儀式刑文王之德，日靖四方。』又曰：『儀刑文王，萬邦作孚。』如是，何辟之有？民知爭端矣，將棄禮而徵於書。錐刀之末，將盡爭之。亂獄滋豐，賄賂並行，終子之世，鄭其敗乎？肸聞之：『國將亡，必多制。』其此之謂乎？」

復書曰：「若吾子之言；僑不才，不能及子孫，吾以救世也。既不承命，敢忘大惠！」

叔向反對子產公布法典，力陳人民熟習法律的弊害。而子產復書，首先肯定叔向的見解，說「若（誠如）吾子之言」⑳；然後表示世風日下，不同往昔，不得不及時公布法典以救世的苦心。

《左傳・昭公十四年》載：

晉邢侯與雍子爭鄐田，久而無成。士景伯如楚，叔魚攝理，韓宣子命斷舊獄，罪在雍子。雍子納其女於叔魚，叔魚蔽（斷也）罪邢侯。邢侯怒，殺叔魚與雍子於朝。宣子問其罪於叔向，叔向曰：「三人同罪，施（殺而陳尸示眾）生戮死可也。雍子自知其罪而賂以買直，鮒也鬻獄，邢侯專殺，其罪一也。己惡而掠美為昏（亂也），貪以敗官為墨，殺人不忌為

---

⑳ 《左傳》「若吾子之言」，楊伯峻《春秋左傳注》云：「此語未竟。若，順也。言順吾子之言，吾不能。」非。仍從孔疏。

賊。〈夏書〉曰：『昏、墨、賊，殺。』皋陶之刑也。請從之。」乃施刑侯，而尸雍子與叔魚於市。

在這個案例中，雍子的納女買直，叔魚的貪墨鬻獄，邢侯的專殺不忌，已呈現出後日司法界所有的亂象。而且涉案人員都是貴族，明習法律，居然如此行險徼幸；他們怎樣處理民間的訴訟，就不問可知。從這裏我們得以理解，急於公布法律條文的子產，為甚麼說「吾以救世」；只讓那些貪惏無饜的貴族執守法律，人民的權益，不就全都失去保障了嗎？

可是人民知法之後，就沒有人再犯法嗎？貴族們知法犯法的那一套，人民就全都笨得學不會嗎？一旦上行下效，那些刁鑽的人民，必定將棄禮而徵於刑書，專門去鑽法律的漏洞，錐刀之末一般的小利，將盡爭之，造成亂獄滋豐，賄賂普行，魚肉良善的禍亂。今日為害社會的司法黃牛，不就是這樣產生的嗎？所以叔向力陳先王不為刑辟的遠見，是有道理的。

因而使不使人民知道法律，可以說是一個見仁見智的問題。所以孔子知道反對鑄刑書的叔向，在昭公十四年，竟正直地引據皋陶之刑殺了邢侯，並和雍子、叔魚（叔向弟）一同陳尸於市，讚美他是當世所無的「古之遺直」——古代遺留下來的正人君子㉑；當他得知子產逝世，為之流淚，

㉑《左傳》「古之遺直」，杜注：「言叔向之直，有古人遺風。」於義似有未盡。

讚美他是「古之遺愛」㉒——古代遺留下來的仁人君子。由此可見，孔子對叔向、子產的景仰，是難分軒輊的。

《左傳・昭公二十九年》載：

> 冬，晉趙鞅、荀寅帥師城汝濱，遂賦晉國一鼓鐵，以鑄刑鼎，著范宣子所為刑書焉。仲尼曰：「晉其亡乎？失其度矣！夫晉國將守唐叔之所受法度，以經緯其民，卿大夫以序守之；民是以能尊其貴，貴是以能守其業。貴賤不愆，所謂度也。文公是以作執秩之官，為被廬之法，以為盟主。今棄是度也，而為刑鼎，民在鼎矣，何以尊貴？貴何業之守？貴，賤無序，何以為國？且夫宣子之刑，夷之蒐也，晉國之亂制也，若之何以為法？」

於此，我們赫然發現，在是否公布法律條文的問題上，孔子是完全贊同叔向的。《論語・為政》篇錄有：

> 子曰：為政以德，譬如北辰，居其所，而眾星拱之。

㉒ 見《左傳・昭公二十一年》。

子曰：道之以政，齊之以刑，民免而無恥。道之以德，齊之以禮，有恥且格。

〈顏淵〉篇也錄有：

子曰：聽訟，吾猶人也。必也，使無訟乎！

也都表明了他主張推行禮教，不欲人民知法的意向。

而《尚書．康誥》云：

惟乃丕顯考文王，克明德慎罰，不敢侮鰥寡。庸庸，祇祇，威威，顯民，用肇造我區夏，越我一二邦，以修我西土。

《左傳．成公二年》載楚申公巫臣申述其義說：

〈周書〉曰：「明德慎罰。」文王所以造周也。「明德」，務崇之之謂也。「慎罰」，務去之之謂也。

這和叔向論「先王議事以制，不為刑辟」是一致的。可見古聖先王，雖然不制刑書法典，仍有固定的法度，交由有德的卿大夫以序持守，公正裁斷，遏止爭心，安定社會。這是基於長治久安的考慮而設定的政治原則，與叔世為救亂而倉卒制法，不治其本而齊其末的作為，顯有高下之分。這便是孔子「為政以德」、「使民無訟」思想的淵源。

試想從魯昭公六年（西元前五三六年，孔子十六歲）到二十九年（孔子三十九歲），短短二十四年間，出現了鄭、晉兩種成文法典；孔子贊同叔向，批評趙鞅和荀寅，立場是如此的堅定而鮮明；時人弟子，絕不至不問其故。那麼，

民可使由之，不可使知之。

應是孔子針對這問題所作的答案。「可」相當於今語「可以」，「由」是「遵行」之意，二「之」均指當時稱為「刑」的法律而言。此語可直譯作：

可以讓人民依法（律）行事，不可以讓他們知道法律。

這樣說，粗聞似乎矛盾；但依法行事就是守法，我們日常所謂守法，是遵守禮義而不犯法、不做

壞事的意思。倘作如是觀，就無矛盾可言。而且孔子此言，也絕對不具使民愚昧、拙於教化的意味。這樣看的話，古今的注解，應以皇疏所引張憑之說，最近經義。而把此理闡釋得最明白的，則是西漢的韓嬰。

《韓詩外傳・卷三》云：

> 魯有父子訟者，康子欲殺之。孔子曰：「未可殺也。夫民父子訟之為不義久矣，是則上失其道。上有道，是人亡矣。」訟者聞之，請無訟。康子曰：「治民以孝。殺一不義，以僇不孝，不亦可乎？」孔子曰：「否。不教而聽其獄，殺不辜也。三軍大敗，不可誅也。獄讞不治，不可刑也。上陳之教，而先服之，則百姓從風矣。邪行不從，然後俟之以刑，則民知罪矣。夫一仞之牆，民不能踰；百仞之山，童子登遊焉；凌遲故也。今其仁義之凌遲久矣，能謂民不踰乎？《詩》曰：『俾民不迷。』……（按：所略部分，已見本文二㈡康有為《論語注・卷八》引。）『睠焉顧之，潸然出涕。』哀其不聞禮教，而就刑誅也。夫散其本教，而待之刑辟，猶決其牢，而發以毒矢也；亦不哀乎！故曰未可殺也。昔者，先王使民以禮，譬之如御也。刑者，鞭策也。今猶無轡銜而鞭策以御也。欲馬之進，則策其後；欲馬之退，則策其前；御者以勞，而馬亦多傷矣。今猶此也，上憂勞，而民多罹刑。《詩》曰：「人而無禮，胡不遄死！」為上無禮，則不免乎患；為下無禮，則不免乎刑；上下無

禮，胡不遄死！」康子避席再拜曰：「僕不敏，請承此語矣。」孔子退朝，門人子路難曰：「父子訟，道也？」孔子曰：「非也。」子路曰：「然則夫子胡為君子而免之也？」孔子曰：「不戒責成，害也；慢令致期，暴也；不教而誅，賊也。君子為政，避此三者。且《詩》曰：『載色載笑，匪怒伊教。』」㉓

先王教民施政，以禮教為本，刑罰為輔。孔子猶說：

學如不及，猶恐失之。㉔

人民講習禮義之不暇，怎可讓他們分心去記誦法律條文？而且熟習法律，又能怎樣？今日的立法院，法學專家濟濟一堂，狀況頻出，不是最好的說明嗎？

㉓ 外傳此文，本《荀子・宥坐》，義更周詳。《禮記・樂記》論禮樂刑政尤詳，請參看。

㉔ 見《論語・泰伯》。

《左傳》中一則「推理小說」的研究

一、原文引介

《左傳・閔公二年》：

(一)

冬，十二月，……晉侯使大子申生伐東山皋落氏。

里克諫曰：「大子奉冢祀、社稷之粢盛，以朝夕視君膳者也，故曰冢子。君行則守，有守則從；從曰撫軍，守曰監國；古之制也。

「夫帥師，專行謀；誓軍旅，君與國政之所圖也；非大子之事也。師在制命而已，稟命則不威，專命則不孝，故君之嗣適，不可以帥師。君失其官，帥師不威，將焉用之？「且臣聞皋落氏將戰。「君其舍之。」

公曰：「寡人有子，未知其誰立焉！」

不對而退。見大子，大子曰：「吾其廢乎？」

對曰：「告之以臨民，教之以軍旅，不共是懼，何故廢乎？且子懼不孝，無懼弗得立。修己而不責人，則免於難。」

(二)

大子帥師，公衣之偏衣，佩之金玦。狐突御戎，先友為右；梁餘子養御罕夷，先丹木為右；羊舌大夫為尉。

先友曰：「衣身之偏，握兵之要，在此行也，子其勉之！偏躬無慝，兵要遠災；親以無災，又何患焉？」

狐突歎曰：「時，事之徵也；衣，身之章也；佩，衷之旗也。故敬其事，則命以始；服其身，則衣之純；用其衷，則佩之度。

「今命以時卒，閟其事也；衣之尨服，遠其躬也；佩以金玦，棄其衷也。服以遠之，時以閟之，尨涼，冬殺，金寒，玦離，胡可恃也？

「雖欲勉之，狄可盡乎？」

梁餘子養曰：「帥師者，受命於廟，受脤於社，有常服矣。不獲而尨，命可知也。死而不孝，不如逃之！」

罕夷曰：「尨奇無常，金玦不復。雖復何為？君有心矣！」

先丹木曰：「是服也，狂夫阻之。曰：『盡「敵」而反』，『敵』可盡乎？雖盡敵，猶有內讒！不如違之！」

狐突欲行。

羊舌大夫曰：「不可！違命不孝，棄事不忠；雖知其寒，惡不可取。子其死之！」

(三)

大子將戰，狐突諫曰：「不可！昔辛伯諗周桓公云：『內寵並后，外寵二政，嬖子配適，大都耦國，亂之本也。』周公弗從，故及於難。今亂本成矣，立可必乎？孝而安民，子其圖之，與其危身以速罪也。」

這件事情，發生於魯閔公二年，當周惠王十七年，晉獻公十七年，西元前六六〇年，距今已二千六百五十多年。左丘明只用白文五百五十八字，敘述晉獻公受寵姬蠱惑，欲置太子申生於死地的劣跡，經由太子的部屬，僅藉著一件左右異色的「偏衣」，一塊銅玦，一道「盡狄而返」的命令，一個嚴寒的冬季，抽絲剝繭地偵察出來，並在萬劫不復的最後關頭，為申生尋獲一線生機。可視為世界上最先進、最寫實的一則「推理小說」。

二、背景補述

當然，要了解這篇「小說」曲折離奇的內容，我們必須先補充說明它的背景：

起初，晉獻公在賈國（在今陝西省蒲城縣西南十八里）娶了夫人，沒有兒子。便違禮娶了他父親武公的妾齊姜，生了秦穆公夫人和太子申生❶。他又娶二女於戎（在今山西省交城縣西北五

❶ 秦穆公夫人，又稱秦穆姬。《史記・晉世家》謂為申生同母女弟，〈秦本紀〉則謂為申生姊。考僖五年（西元前六五五年）《傳》云：晉滅虞，執虞公及其大夫井伯，以媵秦穆姬。周禮，女子二十而嫁；且諸侯子女不至晚婚；則穆姬時年至多二十，母弟申生至多十九。逆推至閔公元年（西元前六六一年）申生將下軍時，年方十三；莊公二十八年（西元前六六六年）守曲沃時，方始八齡；無乃兒戲？當從〈晉世家〉。《傳》序申生上，蓋以其為夫人，尊於太子故。

十里），大戎狐姬生了重耳，小戎子生了夷吾❷。後來晉伐驪戎（姬姓男爵，在今陝西省臨潼縣東二十四里），驪戎男把女兒驪姬和她的妹妹許配給獻公❸。

回到晉國，驪姬立即得到獻公的專寵，被立為夫人，生了奚齊。她妹妹也生了卓子❹。

當時「夫人」又稱「元妃」，是諸侯嫡妻的專名。驪姬既得到這尊貴的名位，自然想廢掉申生，改立自己的兒子為太子。可是廢已經立定的太子，絕非易事；雖然少後她在魯僖公四年（西元前六五六年）終於逼死申生，如願以償❺，但僖公九年（西元前六五一年），齊桓公盟諸侯於葵丘（宋地，在今河南省考城縣東三十里），盟書的第一條就明列了「誅不孝，無易樹子，無以妾為妻」的誓約❻，充分表露天下諸侯對此事的重視與反對。而晉侯違禮犯分，「以妾為妻」，就是這一場禍亂的根源。

在這種情勢下，驪姬重重賄賂了獻公的寵臣梁五和東關嬖五，教他們花言巧語，遊說獻

---

❷〈晉世家〉謂夷吾母，重耳母女弟。當從之。大戎、小戎，猶三國時大喬、小喬。時女子多以氏配姓為稱，小戎亦得稱「狐姬」，故左氏以「子」代之。「子」本嬰兒之稱，無男女之分，此謂女也。

❸以上見《左傳・莊公二十八年》。

❹事詳《左傳・僖公四年》。

❺同❹。

❻見《孟子・告子・下》。

公，使申生去守宗廟所在地曲沃（今山西省聞喜縣東二十里），重耳守臨近秦國的蒲城（今山西省隰縣西北五十里），夷吾守臨近狄國的二屈（今山西省吉縣東北二十一里）。獻公不察，照著這話做了，並把另外的四位公子也派去戍守邊邑❼，只留奚齊、卓子在首都絳（今山西省汾城縣南二十五里。一說在新絳縣），中了驪姬藉此疏離群公子、而拉攏獻公和奚齊親子關係的奸計❽。

魯閔公元年（西元前六六一年），獻公突然地把晉國的軍隊由原有的一軍（周制，萬二千五百人為一軍），擅自擴充為二軍，公將上軍，太子申生將下軍，並在當年冬季一同去滅了耿（今山西省河津縣南十二里）、霍（今山西省霍縣西十六里）、魏（今山西省芮城縣東北七里）三個小國。返晉，又替太子在曲沃築了城牆。

這件事從表面上看，似乎對申生寵任有加；但國君和太子降格領軍，涉入險地，是違背制度，極其反常的現象。所以當時晉大夫士蔿就私下勸太子說：

大子不得立矣！分之都城（指使守曲沃），而位以卿（卿謂上卿。指使將下軍），先為（使）之極，又焉得立？不如逃之，無使罪（禍）至。為吳大伯，不亦可乎？……❾

❼《左傳・僖公二十四年》：「獻公之子九人，唯君在矣。」

❽詳見《左傳・莊公二十八年》。

太子沒有聽從。士蔿雖已看出申生終將被廢的端倪，卻絕未料到獻公的心，遠比他所想像的凶險。而一般人似乎渾然不覺，沒有發現異狀，認為國君親征，太子隨行，是理所當然的事情。

三、原文解讀

故事的主體，就是本文開端引介的《傳》文所述。這篇文章，極其特出費解，堪稱《左傳》中的神品。它的特出，表現於氣勢的剛健雄奇，宛如翻騰於蒼茫雲海間見首不見尾的神龍；而其費解，則由於遣詞的精簡寫意，句法的幻化莫測，皆非常法可局限。

引介時已將全文分成三段，並各析為若干小節；現在就依次先把原文譯作口語（詞意淺顯者仍舊），作為聯貫本文的脈絡。譯文第一行上方距頂線低四格、第二行起距頂線低二格寫起，下方則寫到底線為止，以資識別。然後加以解析。翻譯時，原有的倒裝句和省略句，一律加以還原補足。解析時，特殊的詞句，一一加以說明；隱寓之意，分別加以闡發；絃外遺音，盡力加以偵測。至於無法翻譯的詞句，必須說明的譯文，則儘量放在「注釋」中處理，以免文辭過於煩瑣。由於初創此例，諸多不周之處，敬祈見諒。

❾ 吳大伯，周太王子，王季歷兄，知父欲立季歷，故讓位而適吳。詳見《史記・吳世家》。

㈠

冬，十二月，……晉侯使大子申生伐東山皋落氏。

一開始左丘明就用這句看似平淡的話，把讀者帶入一個暗潮洶湧的情況。他寫《左傳》，除了極少的例外，紀時都以周正為準。周曆的冬季，包括十月、十一月、十二月三個月份，分別相當於夏曆——今之農曆的八月、九月、十月。夏曆八月為仲秋，九月為季秋，十月為孟冬。於是我們赫然發現，去年晉侯選擇冬季出兵，目的是為申生預掘墳墓。他在周曆的初冬出征，正當今日秋高氣爽、適合作戰的季節；卻使申生在已進入今日初冬的周曆十二月出征，等申生到達東山，黃河以北，已然是天寒地凍，寸步難移的時候，只剩死路一條而已。但這種巨大的落差，左丘明巧妙地用一個「冬」字覆蓋起來，也把獻公深沈的奸計覆蓋起來；所以太子尚未出門，我們已得替他捏上一把冷汗。

可是，且莫緊張，事情似乎出現轉機。《傳》又云：

晉大夫里克規勸道：「太子在舉行冢祀（宗廟祭祀），和祭祀社神、稷神的時候，要負責奉獻粢盛⑩，而且是早晚照料國君飲食的人；所以也被稱為『冢子』。國君出行，他就代理國政⓫；有適當的人代理，他就隨行侍從。侍從時的職銜叫做「撫軍」，代理國政時就叫做「監國」。這是從古以來的制度。

這話是說：自古以來，太子都有他固定的職守，也有臨時的重任；率師卻不是太子分內的事務。《左傳・成公十三年》說：

> 國之大事，在祀與戎。祀有執膰，戎有受脤。

可見當時祭祀之事比軍旅之事更為重要，可說是國家大事中的大事。宗廟、社、稷的祭祀，是全國最隆重的大典，國君親自主祭，儲君敬奉粢盛，歷代相因，絕對不容改變。且春秋時代的中國，從天子到諸侯，可以說久已建立了君主立憲的制度；我們從《左傳》所記當代大夫的言論裏，可以蒐集到很多顯然有明文記載，對君權有所約束、功同憲法的條規。譬如里克這裏所說的古制，絕不可能是信口編造出來的。後起的《禮記・文王世子》載：

⓾ 粢盛，盛在祭器中的穀物。

⓫ 原文「君行則守」，守，音ㄕㄡˋ，署理；暫代上官處理公務。

文王之為世子，朝於王季日三。……食上，必在（察）視寒煖之節；食下，問所膳，命膳宰曰：「未有原（勿原樣再進）。」應曰：「諾。」然後退。

又載：

公若有出疆之政，庶子以公族之無事者守於公宮，正室（嫡子）守大廟，諸父守貴宮貴室（守公之正室），諸子諸孫守下宮下室（守親廟和燕寢）。

與里克稱引的古制，若合符節。梁昭明太子〈文選序〉也說：「余監撫餘閑，居多暇日。」足見此制仍在流行。可惜那些原典，歷經戰國的禍亂，秦帝的焚燬，全部化為煙塵；而主張禮治的儒家，把古代的法制一概稱之為「禮」，也模糊了「法」的本質，造成世人對中國政體的誤解。這是研究《左傳》的一大課題，殷盼學者注意，在此姑不深論。

里克接著說：

「夫帥師，專行謀；誓軍旅，君與國政之所圖也；非大子之事也。

劉師培說：

《史記・晉世家》于「行謀」下增「也」字。蓋史公解傳，以「專行謀」指率師，而「君與國政所圖」則指誓軍旅，故增「也」字為區別，以示率師與誓軍旅對文，而「專行謀」與「誓軍旅」二語非平列之詞。⓬

詳考《傳》文，所論極是。所謂「對文」是說「夫帥師，專行謀」和「誓軍旅，君與國政（卿之執政者）之所圖也」是兩個並列的子句，各敘一事，而以「非大子之事也」一語總結。所謂「非平列之詞」，是說不能把那兩句話一口氣平順地連起來，讀作「專行謀，誓軍旅」；而杜預《集解》以「帥師者必專謀軍事」及「宣號令也」注此二語，顯然就是這樣讀的，後世學者也都沿襲了他的錯誤。

因而里克的意思應該是：率領軍隊，就得擅自運用⓭計謀；而興兵作戰⓮，是由國君和政卿

⓬ 見《左盦外集・卷三・司馬遷左傳義序例》，載《劉申叔先生遺書》（臺北：華世出版社，一九七五年）第二冊，頁一五九七。

⓭ 原文「行謀」，行為運用之意。

⓮ 原文「誓軍旅」，應同今語「誓師」。誓師為出兵的前奏，故引申為興兵作戰之意。

共同議定的；二者都不是太子適合去做的事。

誓軍旅是君與國政的專責，太子當然不能干預；可是率師出戰，專行計謀，為何不適合太子做呢？這話顯然因為倉促進諫，未說清楚。里克立刻就察覺了，所以趕快作以下的補充：

「率領軍隊的要領，就在於主將能專制命令。但具有臣、子雙重身分的太子率領軍隊，如承受君命就失去威嚴，專決行事就不算孝子；所以國君的嫡嗣是不能率軍作戰的。

這就補足了話中的漏洞。「將在外，主令有所不受，以便國家」⑮，僅具大臣身分的將領才享有這種特權；但古今那有「子在外，父令有所不受」的道理？

接著，里克強調如果勉強讓太子率師的弊害：

「在君來說，是失去了一個適任的官員，而太子率師也沒有威嚴，這種軍隊，又有甚麼用處？

⑮ 見《史記・魏公子列傳》。

總之，里克這幾句話，意在說明太子不可以率師的道理。隨後，他又警告獻公說：

「而且臣聽說皋落氏將要應戰。」

他想：用一般的理由勸阻國君，他不一定接受；但他既立申生為太子，總會關切太子的安危。如果情報顯示，太子一到東山，皋落氏馬上求降，那就不妨派太子去，為他樹立威望；但實情並非如此，太子此去，將有生命的危險。因此里克據實以告。

基於上述的三點理由，即：太子有他的重責大任，率師非其分內之事；太子不適於率師；太子此去有喪生的可能；所以里克最後作出的結論是：

「請君取消原定的計劃吧。」

里克的話，合情合理，非常充實完美。不意獻公卻冷冷地、悻悻地說：

「寡人有許多兒子，還不知要立誰當太子呢！」

「言為心聲」，一直處心積慮，想廢除太子申生的獻公，終於洩露了心底的祕密。在他的心中，申生早已被廢，不復是太子了。他想立奚齊，只是不方便或不好意思說出口來罷了。

里克乍聞此語，內心所受的震撼是可以想見的。但他立刻體會到，如果再幫太子說話，自己就有喪失功名利祿的危險。於是一言不發：

不回話，就退了下去。

讀到這兒，我們不禁要問：里克應該是當時唯一可向晉侯進言的重臣，在這君、臣、父、子名實轇轕、嫡庶相敵、禍亂將生之際，他該不該這樣默默退下去袖手旁觀呢？

《傳》言里克「見大子」，可不是說他離開獻公，就去晉見太子。他連有利於申生的正理都不敢再說一句，唯恐觸怒國君，怎敢公然再與申生往來？無奈時運不濟，偏偏碰上罷了！可是太子見到他，卻似久旱逢甘霖：

里克看見太子，

太子迫不及待地問道：「我是不是要被廢了呢？」

這是多麼親信體己的問話！大致得知實情的里克，應該怎麼答呢？照實直說嗎？不行；也許獻公說「未知其誰立」只是一句氣話，因為當時他心情不好，或者才和太子爭吵過。萬一會錯了意，亂說出來，難免挑撥離間的嫌疑，那還得了嗎？那麼，乾脆欺騙太子，硬說沒有這回事情呢？那對得起太子的知遇，對得起自己的良心嗎？看樣子，最好給太子一些暗示，使他有一點兒心理上的準備，設法保護自己，才是正理吧？可是：

里克答道：「國君命您駐守曲沃，把治理人民的道理教給您；令您率領下軍，把統御軍隊的方法告訴您；您只要怕不能忠於職守⑯就夠了，君上為甚麼要廢您呢？

里克竟採用了完全欺瞞的方式。這個人自欺欺人且不去說，居然還腆顏擺出忠厚長者的面目向太子說教：

⑯ 原文「不共」，「共」與「恭」通，金澤文庫本作「供」，皆持事振敬，忠於職守之意。

「而且您只要怕自己不孝，不必怕不能繼承君位。好好修養自己的品德，不要怪罪別人，就可以逃脫被廢的災難。」

究其本心，無非想安撫太子，免得他再來糾纏，以便遠嫌避禍，保全自己的名利而已。

由於里克的奸詐深藏不露，不唯申生不察，也發揮了盜名欺世的效果。首先《國語・晉語・一》就載有君子謬獎他「善處父子之間」的話⓱，呂祖謙《東萊左氏博議》引申其說：

晉獻公將廢太子申生，先遣之伐東山，里克進而見獻公，則諫以「君之嗣適不可以帥師」；退而見太子，則戒之「子懼不孝，無懼弗得立」。告父以慈，告子以孝，其處父子之間者至矣！

《左繡・卷四》引鍾敬伯評語：

⓱《國語》（臺北：九思出版有限公司，一九七八年）頁二八〇。《國語》亦有「君子曰」之詞，唯〈晉語〉九見（頁二六三、二七八、二八〇、二八一、三〇五、三一四、三七九、四一五、四四三）。《左傳》「君子曰」之體例，蓋昉於此。

> 里克與人父言，依于慈；與人子言，依于孝。可為事君之法。

日本竹添光鴻《左傳會箋》在里克「不對而退」句下讚美他：

> 頗得大臣之體。其告大子，亦厚重可嘉。

古今中外學者，陳陳相因，都受到〈晉語〉的誤導，迷失了左氏的本義。唯林琴南眾醉獨醒，在所撰《左傳擷華》中說：

> 里克者，始終與人家事者也。此次見太子失寵，翻然乃與驪姬圖廢太子。既而又殺奚、卓二子（按：見僖九年傳），而卒為惠公所戮（僖十年）。小人反覆，終亦不保其身。左氏全錄其言者，即為下文驪姬與中大夫成謀（僖四年）之張本。但觀里克聞公不知誰立一言，即不對而退。不對者，知太子之終不立，此時已有成算，歸附驪姬矣。退面太子，寥寥數言，全是不關痛癢，較之狐突諸人忠告，相去遠矣。《左傳》終始不指出里克奸黠，而但就本事直書，使人自為尋繹，辨其忠奸。文字寫生之法，真神化不可思議也！

摘奸發伏，徹底揭露了真象。但細察里克的為人，祇是極端自私自利而已，這由他用「無益也」一語勸荀息勿死奚齊之事（見僖九年傳），可以明見；他與驪姬達成的協議，《左傳》不載，據〈晉語・二〉所記，里克不忍殺申生，亦不敢和他繼續往來，嚴守中立而已，並未歸附驪姬。獻公卒，里克殺奚、卓，亦因必然見斥於二子，故欲迎立重耳而邀功求賞，不料又為此得罪嫉妒成性的惠公，不免受戮，結束了貪鄙的一生⑱。

(二)

可以進諫的里克，既然抽身自保，噤若寒蟬，太子只好銜命出征了。《傳》云：

> 太子要率師出發了，獻公賜一領「偏衣」給他穿，贈一塊金玦給他佩帶。

「偏衣」是一件名不見經傳的異服。「偏」是半的意思，依下文看，一半是公服之色，另一半可能是太子服的顏色，其色未詳。

《荀子・大略》說：

---

⑱ 夷吾言多忌克，里克伏劍而死，見僖公九、十年傳。

聘人以珪，問士以璧，召人以瑗，絕人以玦，反絕以環。

知古代君主分發玉器，也有特殊的含意。「玦」本是一個有一線缺口的玉環，因為與「絕」同音，所以用它表示「棄絕」之意。《左傳・閔公二年》載衛懿公率師禦狄，「與石祁子玦，與甯莊子矢，使守」，是要求他們捨命抗敵的意思；杜注：「玦，示以當決斷；矢，示以禦難。」《史記・項羽本紀》載鴻門之宴，「范增數目項王，舉所佩玉玦以示之者三」，是促項王棄絕劉邦，把他殺死的意思；《史記會注考證》引元胡三省《資治通鑑音注》：「玦，如環而有缺。增舉以示羽，蓋欲其決意殺沛公。」皆有一間之差。

古代以玉為佩，《禮記・玉藻》云：「世子佩瑜玉而綦組綬。」殷、周稱銅為「金」，則「金玦」用銅製成，也與法度不合。

獻公用這兩件奇怪的東西贈別，居心又何在呢？

這次出兵，申生為主將。《傳》云：

狐突替太子駕馭兵車，先友擔任戎右。梁餘子養替副將罕夷駕馭兵車，先丹木擔任戎右。羊舌大夫為尉，執掌軍法。

他們率領的，應是晉國上、下軍的一部分，而非二軍盡出。大概行過誓師典禮，晉侯離開以後，太子就和六位大夫聚在一起，討論這個問題。

先友說：「君上把他自己衣服的一半給您穿，您又掌握著軍事全權⑲，您事業的成敗就在此一行了，希望您努力奮戰。君上分一半衣服給您，表示他沒有惡意；您全權在握，就可以遠離災害；君上親信而且沒有災害，您又何必為此發愁呢！」

聽了這話，自然令人寬心。可是他未免想得太天真吧？所以：

狐突先長歎一聲，接口說道：「時令，是事情成敗的象徵；衣服，是人物身分的代表；佩飾，是中心意願的標幟。所以君上如果慎重其事，就應該在上半年下達命令；親信太子，就應該拿一件純色的衣服給您穿；誠心相待，就應該依法度賜佩飾給您帶。如今君上在年終下達命令，分明要利用嚴寒阻撓您的行事；賜雜色衣服給您穿，表示疏遠太子之身；拿金玦給您佩帶，意味著不肯用誠心相待。用衣服疏遠您，用時令阻撓您，雜色衣服表明君心不夠

⑲原文「握兵之要」，要謂總要，今語全權之意。

溫厚，冬天是個肅殺的季節，金予人的感覺是冷冰冰的，玦是用來暗示離棄的，那一樣是靠得住的呢？雖然想努力奮戰，狄人能殺得光嗎？」

狐突一口氣說完這一席話，把種種可疑的蛛絲馬跡串聯起來，揭穿了獻公的陰謀詭計。他心細如髮，採證精密，析理入微，稱他千古第一神探，應不為過。同樣難得的，是左丘明的彩筆，毫不經意地輕輕一揮，就繪成狐突一幅錦心繡口的寫意圖。馮李驊《左繡・卷四》讚美原文：

> 數段以狐突為主，故其語反復痛切，而文法亦最緊最變。泛論兩層，物論則作三層。既添一「時」字作三項；忽將衣、玦並說，化作兩項；又忽將金、玦分說，化作四項。手意真不測也。以一字起，以兩字收，句法、字法變化極矣！

可謂獨具慧眼。而王崑繩《左傳評・二》也讚美道：

> 不過衣、玦二者，錯綜變化，無一字雷同。絕世奇觀！

此外，原句中的「偏躬」即「衣身之偏」（躬、身意同）、「兵要」即「握兵之要」的略句，省略得完全不成文法，常人必不敢如此點染。而「命以始」、「衣之純」、「佩之度」，分別是「命之以始」、「衣之以純」、「佩之以度」的略句。但有的省「之」，有的省「以」，便呈現出參差錯落之美；一旦補足，還原為外觀齊整的句子，則可收排比壯勢的修辭之效。如果再檢視那整齊外觀的內部，則「命以始」句所省的「之」字，與下文「不如逃之」、「不如違之」的「之」屬性相同，都是文言特有的語助詞，沒有相當的白話詞語可以翻譯，和其他二語用以指稱太子的「之」有別；同時這一句話中的「以」是介詞，與「於」相當，介進了時間補詞「始」，又和其他二語所省略的一個相當於口語「拿」、一個相當於「依」的關係詞「以」不同⑳。左氏這化異為同，同中存異，撲朔迷離的遣詞造句技巧，真是鬼斧神工，令人窮於究詰，是任何人無法望其項背的！

由於狐突精密的分析：

梁餘子養迫不及待地說：「率軍出戰的人，在宗廟裏接受國君的命令，在祭社神的地方接受國君賞賜的祭肉，也有在軍中日常穿著的戎裝。現在一樣也沒有得到，只收到一件雜色的衣服，君上的意思㉑就可想而知了。在這種情形下去送死，只能落個不孝的罪名，不如逃走算了！」

---

⑳ 參許師世瑛《常用虛字用法淺釋》（臺北：復興書局，一九六四年）頁五六。

㉑ 原文「命」，謂君命；命令傳達意旨，故引申為君意。

從這話中和上文引述的成十三年傳中，我們得知古代君命將帥出師，先要祭告祖先，祈求保祐，然後在宗廟中下達命令。祖先保祐尚恐不足，再帶將帥去祭國家的保護神——社神，祭後賜脤給將帥，希望他獲得神庥。祖先、社神保祐仍恐不足，故更賜以防身的盔甲，那才是軍中的常服。在在表示國君希望將帥生還的誠意。可是太子只得到一件刺目的、單薄的雜色偏衣，使他成為一個顯著的、易於被害的目標，不是擺明了叫他去送死嗎？明知如此，仍挺身赴死，將陷父於不義，有違孔子大杖則走、索殺不得的事親明訓㉒；故子養勸太子逃走。

罕夷附和著說：「雜色的衣服太奇怪了，顯示君心叵測㉓；金玦意味著叫太子不要回來。在這種情形下，縱使回來又能幹甚麼呢？君上已經有了凶心惡意了，他是不會放過您的！」他據金玦加以推論，贊成太子逃走。

先丹木也接口說：「這種衣服穿在身上，瘋子見了都會起疑，把您攔住問個清楚㉔；君

㉒ 詳見《韓詩外傳．卷七》。

㉓ 原文「尨奇無常」，《荀子．修身》：「趣舍無定，謂之無常。」

㉔ 原文「狂夫阻之」，《廣雅．釋詁》：「猜，阻，疑也。」杜注本之。

上叫您『把「敵人」殺光再回來』，『敵人』能殺得光嗎？雖殺光外在的敵人，還有內部的讒人跟您作對！不如避開的好。」

他強調偏衣的詭異。《傳》文於「盡敵而反」前著一「曰」字，自然是「公曰」之略，於是我們確知公賜偏衣、金玦的時候，曾如此命令申生，為上文狐突所說「狄可盡乎」一語，找到了根源。因為所伐的皋落氏是狄人，所以獻公命申生所盡的應是「狄」人；先丹木改用同音的「敵」字取代，意在擴大太子仇敵的範圍，把內讒也包羅進去，極具巧思。這種偷梁換柱的筆法，很不容易察覺，外國朋友大概只能勉強就字面翻譯，無法兼顧其中的韻味。

錢鍾書《管錐篇・上・左傳正義一二》說：

按觀先丹木之語，則知晉侯必曾面命申生「盡敵而反」，狐突「敵可盡乎」一語，亦即針對晉侯之命而發。先此獻公面命申生一段事情，不加敘述，而以傍人語中一「曰」字達之，《史通・敘事》篇讚《左傳》：「睹一事于句中，反三偶於事外」，此可以當之。……魏禧《日錄》二編〈雜說〉：《左傳》如「宋公靳之」㉕等句，須解說者，不足為簡也；如「秦

㉕ 見莊公十一年傳。

> 伯猶用孟明」㉖，突然六字起句；……只一「猶」字，讀過便有五種意義：孟明之再敗、孟明之終可用、秦伯之知人、時俗人之驚疑、君子之歎服，不待註釋而後明，乃謂真簡。讀者眼明，庶幾不負作者苦心。「猶」與「曰」皆句中祇著一字，而言外可反三隅矣。

可謂善讀《左傳》；唯所引晉侯面命申生「盡敵而反」、狐突「敵可盡乎」，二「敵」字皆當作「狄」；可能記憶有誤。

左氏行文之妙，尚不止此。上舉之例，猶有「曰」、「猶」為指引；左氏此《傳》，一直寫到這裏，始終把太子拋在一旁，不作片言隻字的描寫，而把他滿面憂思、中心無主、木然在坐的情狀，一一藉親身目睹的諸大夫之口托出。就在「子其勉之」、「又何患焉」、「不如逃之」、「不如違之」的背後，我們宛然看見了那苦難中的申生。左氏這種虛靈的述事手法，正如羚羊掛角，令人驚歎。

由於大家的響應和建議，狐突霍地起身，大袖一揮，有了激烈的反應：

狐突想率先逃命了。

㉖ 語見文公二年傳。事詳僖公三十三年、文公元年、二年傳。

「三十六策，走為上計」，是對不顧名譽的人說的。在獻公心機未露，太子含冤不白的情況下出走，世人所知，只是一個逆子不忠不孝、臨陣脫逃的醜聞而已。太子一逃，立刻就會墜入身敗名裂的深淵；而狐突此刻的作為，彷彿正把載有太子和同僚的一列火車開到這深淵的邊緣上。所幸在眾人之中尚有一位頭腦冷靜的軍法官。在這緊要的關頭：

羊舌大夫說：「不可！違背父命不孝，拋棄職守不忠；雖然知道君心可怕㉗，這種罪名不可自取。您還是為此效死吧！」

他的話揭示出「所惡有甚於死者」的真理㉘，如同具有千鈞之力的緊急煞車，立時穩住了大局，化解一場萬劫不復的災難。只有左丘明，才有這樣千鈞的筆力，在故事達到如此高潮時，一筆把它煞住。

羊舌說「不可」，是為遏止狐突說的。春秋時貴族所受的是文武合一的教育，個個孔武有力。一旦狐突衝出大門，其他的人一個也別想留住；他高呼「不可」時，一定會縱身把狐突攔腰抱住，死不肯放吧？但他「違命不孝」等話，主要是對太子說的。可憐的申生，此時可以選擇的正途，

㉗ 原文「雖知其寒」，寒即哀公十五年傳寡君是以「寒心」之寒，恐怖、可怕而令人身心戰慄之意。

㉘ 語見《孟子・告子・上》。

委實僅此一條而已；凡是有理性的人，都不會拒絕羊舌的建議。於是左丘明這段記事，就到此戛然而止，不再寫「太子從之」或「從之」之類的贅語。

細觀《左傳》全書，凡是遇到讀者可以想見後果的關鍵處，左氏都是點到為止，絕不多寫。他是千古第一惜墨如金的人物。韓愈曾說「左氏浮誇」，似乎已成定論；其實丘明的文筆簡樸平實，舉世無雙。即如宣十二年傳載晉敗兵爭舟逃命，「舟中之指可掬也」，讀起來似乎真夠誇張，但這幾個字賦予讀者的想像空間究竟有多遼闊，韓愈可想過嗎？那只是晉師慘敗亂象的一個小小特寫鏡頭而已，精簡寫實，斷不容以「浮誇」視之。類似之處，讀者務必留心。

(三)

太子將戰。

左氏用一個近代電影「跳接」的手法，一語把讀者導入新境。這時太子已置身東山，準備和狄人作戰。這一句《傳》文，也帶有結束上文，表示申生並未逃走的意味。太子原為決一死戰而來，因他的內心還抱著得勝而歸、保全太子名位的熾烈願望。

可是一場惡戰的後果是甚麼呢？打敗了，或棄屍林野，或狼狽流亡……誰人願意？

打勝了，並不能美夢成真。「雖復何為？君有心矣」，「雖盡敵，猶有內讒」，言猶在耳，這殘酷的事實，正張臂迎候。又何苦呢？

那麼，不負不勝，打個平手如何？這種既不求勝，又不願敗的愚蠢戰爭——近年已發生多起，徒然使無數的人肝腦塗地，白白犧牲而已，又何必呢？

狐突顯然在心中把這些可能運算了一遍。所以左氏說：

狐突勸阻道：「不可！

他不遑展示這些運算的程式，只大聲吼出所得的結論；他有更重要的話要說：

「從前辛伯懇切地勸諫㉙周桓公道：『天子寵妃的地位和王后平等，寵臣的權勢和政卿無二，得寵的庶子和嫡嗣匹敵，大夫的封邑和國都一樣大，都是禍亂的根本啊！』周公不肯聽從，所以遭到災難。

㉙ 原文「諗周桓公」。《說文》：「諗，深諫也。」

狐突提起的往事，《左傳・桓公十八年》是這樣說的：

周公（周桓公黑肩，周大夫）欲弒莊王（桓王子）而立王子克（莊王弟子儀），辛伯（周大夫）告王，遂與王殺周公黑肩，王子克奔燕。

初，子儀有寵於桓王，桓王屬諸周公。辛伯諫曰：「並后，匹嫡，兩政，耦國，亂之本也。」周公弗從，故及。

所記辛伯語，不如本《傳》詳明，但意思完全相同。

狐突想藉此提醒太子：當時在四個「亂本」之中，但只發生了「嬖子配適」一項，就釀成一次手足相殘的流血政變；忽視亂本的黑肩，也為之身死名裂。而現在呢？

驪姬已身為夫人了。不是比「內寵並后」——就諸侯言，應說「內寵並夫人」——更嚴重嗎？奚齊的氣燄早已壓倒申生。不是比「嬖子『配』適」更嚴重嗎？寵臣梁五和東關嬖五已能左右國君的大政，使群公子都被下放了。這不是所謂「外寵二政」嗎？

驪姬就盤踞晉國首都作亂，不是比「大都耦國」更嚴重嗎？

四種「亂本」不但同時並作，而且有過之而無不及[30]；所以狐突正告太子：

「如今種種的亂本都形成了，您能夠一定繼承君位嗎？

狐突為何鐵著心腸，忍心問出這種冷酷無情的問題呢？試想，要讓申生放棄他寧願捨命搏取的太子之位，不先下猛藥，使他徹底明白那是絕無可能的殘酷事實，行嗎？

當狐突看見太子在悸痛中驚醒，才勸他說：

「孝而安民，子其圖之，與其危身以速罪也。」

這幾句話是「與其危身以速罪也，不如孝而安民，子其圖之」的倒裝句；狐突主要是勸申生考慮「孝而安民」的做法，故把「與其危身以速罪」句移置於後。

「孝而安民」，是勸太子不戰無功而還，讓君父藉此廢了自己，改立奚齊，完成他的心願，同時也保全了人民。「危身速罪」是正告太子，一旦作戰，敗則危及自己的生命，勝將召致亂黨讒害的禍患㉛。

㉚ 舊說咸以驪姬為內寵，二五為外寵，奚齊為嬖子，無大都耦國事。且謂古人援證前聞，不必事事符同。不知四本皆成，過之者太半。

㉛ 竹添光鴻《左氏會箋．第四》：「戰則危身，有功則速罪；與其危身於狄，以速罪於內也，寧孝而安民。

獻公受驪姬的蠱惑，一心想廢申生，卻苦於沒有藉口，於是煞費周章：讓他率領下軍，讓他小試鋒芒，再讓他進於絕境。太子若敗陣死狄，自然一了百了；損兵折將而歸，也可為他日易儲之地。其心可誅，亦復可憫。

難得狐突在最後關頭，洞觀利害，為申生理出一線生機；出了一個「棄車保帥」的奇謀，讓他只拋棄一個早已不屬於自己的「太子」之名，卻保全了自己和百姓的性命，以及本身忠孝的名節。

如此高明的計策，是任何有理性的人都不會拒絕的。於是左氏在此斷然絕筆，不復贅述太子的反應，完成一篇有頭無尾的奇文，著世界「推理小說」之先鞭。

就全篇的文理而言，姜炳璋說：

> 首段是下六段之冒（同「帽」）。里克之諫，曰「冢子」，曰「嗣適」，明明射著孽奚齊，而難於顯言；故謂太子當問視寢膳，不可命以出師，并不宜使居曲沃。公覘其意，曰未知誰立，直破「冢子」、「嗣嫡」之說。……「大子帥師」以下，偏衣、金玦，故為不情之賜；盡敵而反，故為不情之言；明明示以避去使我立奚齊耳。而申生全不會意，遂致眾議哄堂。

此倒句法。」

先友之言，非迂也。父子天性，豈有猜貳？盡敵之言，不過策之立功。從尋常倫理忖度，不忍以私意窺之也。狐突則早辨一「逃」字，卻含而不露，專就衣、玦，零星洗發，而歸到功必無成。梁餘子養便趁勢想出逃之一策，罕夷又從衣、佩上申明之，先丹木又從公盡敵之言推進之，皆力贊其逃；於是狐突以為甚合己謀，束裝欲行，已是「群山萬壑赴荊門」矣。忽羊舌大夫別開一議，以為逃不如死。正如峰來天外，非可意度。人皆知其不可，而大子卻以此為定盤針，於是乎將戰。將戰者，不肯行也。其立意在死，猶冀立功倖免，不知戰而有功，其死逾速。狐突因將姬讒、齊孽，明白指破，謂即不能行，亦不必戰也。說到「與其」句，更不多贅一字，與士蔿如出一口。[32]

可謂綜論全局，得其綱領。馮李驊、陸浩則說：

> 子養著眼偏衣，罕夷著眼金玦，丹木接來一總虛說而著意「狄可盡乎」，一語抉進一層。又一則點出「命可知」，一則點出「君有心」，一則點出「猶有內讒」，都是逐層推出，而以「逃之」、「違之」跌出「欲行」。文勢一步緊一步，絕無轉身處矣；忽然羊舌大夫翻盡前

32 見《讀左補義》（臺北：文海出版社影印同文堂藏板）頁四〇八。

說，一筆兜轉，以鬆為緊，迴出眾人意表，亦迴出讀者意表。[33]極富探賾索隱的理致，表明此文的特色。林琴南也說：

> 紓按此篇製局最奇，有起無結。文凡兩截：使太子時，有里克一人獨諫獻公，此一截也。太子既帥師，則有狐突數人群諫太子，此又一截也。而皋落氏到底抗命與否、行成與否，初不一言，就文字而言，實無收束之地。然天下文如左氏，乃有無收束者耶？觀兩「不可」字，即可用為此篇之收束。狐突欲行，羊舌大夫曰「不可」；太子欲戰，狐突曰「不可」。羊舌之阻狐突，為諸人進言之收束；狐突之止太子，即為出師不戰之收束。[34]

點明了收束故事中兩個高潮的「不可」之重要性，有助於讀者對整個故事的理解，極為珍貴。

總之，左氏這篇文章，無論內容或文字，都有推理小說的趣味，不但引人入勝，而且耐人尋思；理應在世界小說史中占有崇高的地位。

---

[33] 見《左繡》（臺北：文海出版社影印書業堂鐫藏板）頁三三七眉批。

[34] 見《左傳擷華》（臺北：文光圖書公司，一九五七年）頁一一。

四、尾　聲

申生不戰而還，獻公大概於心有愧，並未廢他。但內讒卻絕不甘休。四年後驪姬趁太子從曲沃來絳，騙他回去祭祀齊姜，再把祭肉、祭酒拿來孝敬獻公。恰好獻公外出打獵，六天後回到宮中，驪姬在酒肉裏下了毒，又勸獻公先試驗一下再吃。當獻公把酒祭在地上，毒藥滲入土中，起了化學作用，產生氣泡，使泥土蓬鬆而起。狗吃了肉，死了。小臣吃後也死了。於是驪姬嫁禍於太子，太子逃回曲沃。

其實下了毒的酒肉，不待六天，就會變質，太子很容易洗清自己的罪狀；因此，當時就有人勸他申訴或逃走。

可是申生認為父親年老了，如果失去驪姬，必定坐立不安，茶飯不思，鬱悒以終，不肯辯解。帶著弒父的罪名流亡，絕沒有人肯收容，也無處可逃；便在魯僖公四年（西元前六五六年）十二月自縊而死。

申生本是一位秉性淳良的孝子，東山之役，里克說「子懼不孝，無懼弗得立」，子養說「死而

---

35 見僖公四年傳。

不孝，不如逃之」，羊舌大夫說「違命不孝，棄事不忠」，狐突說「孝而安民，子其圖之」，無論忠奸，莫不以孝道相責。太子銘心刻骨，自然會影響他最後的抉擇。

那麼申生在這種情況下自殺，算不算「死而不孝」，陷父於不義呢？

解答這樣的問題，就超出了文學的範疇，跨入經學的領域了。而且見仁見智，必然會產生不同的見解。但是這場是非，孔子早在他的《春秋》中論定了，他在僖公五年的經文中說：

晉侯殺其世子申生。

這八個字的背後，隱藏著左丘明所講的故事，而故事中又包裹著解釋這八字真言的答案。

從《趙氏孤兒》揣太史公的悲情

一

《趙氏孤兒》是元人紀君祥所寫的一本雜劇，後來它不斷地被改寫成傳奇、京劇及地方戲曲，成為歷久不衰、家喻戶曉的歷史悲劇；更於十八世紀初，波及海外，被譯述為法、德、英文。這個劇本，主要傳本有二：一為《元刊古今雜劇三十種》所收錄的四折本，無科白，僅存曲文，劇目是《冤報冤趙氏孤兒》；一為明代臧懋循編校的《元曲選》本，增為五折，以《趙氏孤兒大報讎》為劇目，曲文、科白兼備，雖然鄭騫以為「《元曲選》本前四折與《元刊》本歧異處，幾無一語無遜色」[1]；但使此劇便於閱讀搬唱，呈現於中外舞臺，實亦功不可沒。

劇情是這樣推展的：

楔子：春秋時晉靈公朝中權位最高的文臣是趙盾，武將是屠岸賈。屠岸賈想排除趙盾，獨攬朝政，先派勇士鉏麑去行刺，未料鉏麑不忍殺害忠良，竟觸樹而死。賈又訓練了一隻神獒，專咬穿了趙盾所著紫袍的草人，把它牽入朝中，詐稱神獒能辨認不忠不孝的奸臣；神獒一見紫袍玉帶的趙盾，站在靈公身旁，猛撲而上，幸有殿前太尉提彌明挺身搭救，雙手把神獒撕成兩半。趙盾逃出，屠岸賈揮兵追殺，又被其中曾被趙盾救活的餓夫靈輒所救出。於是靈公接受賈的讒言，把趙盾一家三百口斬盡殺絕；只有趙盾的兒子趙朔，因他是靈公的「駙馬」❷，與「公主」❸尚留府中，便矯詔賜朔自盡，而把懷了胎的「公主」囚禁府中。

第一折：屠岸賈得報，公主已在宮中生下趙氏孤兒，便命下將軍韓厥嚴守宮門，只待滿月，便殺死孤兒，削草除根。這時駙馬門客草澤醫人程嬰，仍能在趙家門下走動，因公主以死相託，冒險把孤兒藏在藥箱中救出。深明大義的韓厥雖然發現，還是放走程嬰，然後自刎身亡，以免洩密。

第二折：屠岸賈聞知此事，令人張掛榜文，著將國內半歲以下、一月之上的小兒，全部拘入

---

❶ 見所著〈元雜劇作者質疑〉，《大陸雜誌》特刊第一輯。

❷ 魏、晉以後，帝婿例加駙馬都尉官號，故稱「駙馬」；此借指晉侯女婿，時無此稱。

❸ 周禮稱天子之女為「公主」，戰國始借指諸侯之女，時亦無此稱。

帥府，聽候發落；事實上是寧把嬰兒一律處死，也不讓趙氏孤兒成為漏網之魚。這時，程嬰抱著孤兒去見趙盾的同僚好友公孫杵臼——一個罷職歸田的宰輔之臣。他們商量的結果，是程嬰把自己初生的兒子送到公孫家，換走孤兒，然後出面告發。於是一個公孫捨命、程嬰捨子的大悲劇，就著勢待發了。

第三折：屠岸賈和程嬰領兵到公孫莊上，搜出孤兒的替身，當著程嬰的面，剁成四段。公孫自撞階基而死。屠岸賈因程嬰告密有功，便把他換下的趙孤——此時改名程勃——收為義子，留在家裏撫養，賜名屠成。

第四折：二十年後，屠成長大成人，屠岸賈就想殺死靈公，篡奪君位，將來傳給屠成。程嬰把趙盾全家受害的慘事，詳細畫成一幅手卷，伺機向孤兒解說。孤兒不勝悲憤，誓報血海深仇。

明刊本增有第五折：晉悼公在位，晉上卿魏絳協助孤兒，活剮了屠岸賈，殺光了他全家老小。晉侯命孤兒恢復本姓，賜名趙武，使他襲承父祖卿相的官位。

這一齣戲，真正是悲慘壯烈，高潮迭起，震撼人心，無怪王國維《宋元戲曲史》要說，把它「列之於世界大悲劇中，亦無愧色」。

可是，當我們把它視為「歷史悲劇」，而認真追溯史實的時候，卻發現了許多耐人尋味的疑竇。

二

首先我們發現，這段揚名中外，春秋晉國「搜孤救孤」❹的故事，在記晉、楚之事特詳的《左傳》中毫無蹤影。《史記》於完整記錄晉事的〈晉世家〉裏也不見稱述，卻在敘晉之別派趙氏宗族史的〈趙世家〉內有如下的相關記載：

（晉）靈公立十四年，益驕，趙盾驟諫，……欲殺盾。盾素仁愛人，嘗所食桑下餓人，反捍救盾，盾以得亡。未出境，而趙穿弒靈公，而立襄公弟黑臀，是為成公。……

晉景公之三年，大夫屠岸賈欲誅趙氏。……屠岸賈者，始有寵於靈公；及至於景公，而賈為司寇。將作難，乃治靈公之賊，以致趙盾；遍告諸將曰：「盾雖不知，猶為賊首；以臣弒君，子孫在朝，何以懲罪？請誅之。」韓厥曰：「靈公遇賊，趙盾在外，吾先君以為無罪，故不誅。今諸君將誅其後，是非先君之意；而今妄誅，妄誅謂之亂。臣有大事而君不聞，是無君也。」屠岸賈不聽。……賈不請，而擅與諸將攻趙氏於下宮，殺趙朔、趙同、

❹ 京劇或以此為劇目。

趙括、趙嬰齊，皆滅其族。

趙朔妻成公姊，有遺腹，走公宮匿。趙朔客曰公孫杵臼，杵臼謂朔友人程嬰曰：「胡不死？」程嬰曰：「朔之婦有遺腹，若幸而男，吾奉之；即女也，吾徐死耳！」居無何，而朔婦免身生男。屠岸賈聞之，索於宮中。夫人置兒綺中，祝曰：「趙宗滅乎，若號；即不滅，若無聲。」及索，兒竟無聲。已脫，程嬰謂公孫杵臼曰：「今一索不得，後必復索之，奈何？」公孫杵臼曰：「立孤與死，孰難？」程嬰曰：「死易，立孤難耳。」公孫杵臼曰：「趙氏先君遇子厚，子彊為其難者，吾為其易者；請先死。」乃二人謀，取他人嬰兒負之，衣以文葆，匿山中。

程嬰出，謬謂諸將軍曰：「嬰不肖，不能立趙孤；誰能與我千金，吾告趙氏孤處。」諸將皆喜許之，發師隨程嬰攻公孫杵臼。杵臼謬曰：「小人哉，程嬰！昔下宮之難不能死，與我謀匿趙氏孤兒；今又賣我。縱不能立，而忍賣之乎！」抱兒呼曰：「天乎！天乎！趙氏孤兒何罪！請活之，獨殺杵臼可也！」諸將不許，遂殺杵臼與孤兒。諸將以為趙氏孤兒良已死，皆喜；然趙氏真孤乃反在，程嬰卒與俱匿山中。

居十五年，晉景公疾，卜之，大業（趙氏祖先）之後不遂者為祟。景公問韓厥，厥知趙孤在，乃曰：「大業之後，在晉絕嗣者，其趙氏乎？夫自中衍者（上文云：『趙氏之先，與秦共祖，至中衍為帝大戊御。』），皆嬴姓也。中衍人面鳥噣，降佐殷帝大戊，及周天子，皆有明德。下及幽、厲無道，而叔帶去周適晉，事先君文侯，至於成公，世有立功，未嘗絕祀。今吾君獨滅趙宗，國人哀之，故見龜策，唯君圖之。」景公問：「趙尚有後子孫乎？」韓厥具以實告，於是景公乃與韓厥謀立趙孤兒，召而匿之宮中。諸將入問疾，景公因韓厥之眾以脅諸將，而見趙孤。趙孤名曰武。……於是召趙武、程嬰，徧拜諸將，遂反與程嬰、趙武攻屠岸賈，滅其族。復與趙武田邑如故。

及趙武冠，為成人，程嬰乃辭諸大夫，謂趙武曰：「昔下宮之難，皆能死；我非不能死，我思立趙氏之後。今趙武既立，為成人，復故位，我將下報趙宣孟與公孫杵臼。」趙武啼泣頓首，固請曰：「武願苦筋骨以報子至死，而子忍去我死乎！」程嬰曰：「不可！彼以我為能成事，故先我死；今我不報，是以我事為不成。」遂自殺。趙武服齊衰三年，為之祭邑，春秋祀之，世世勿絕。

紀君祥的劇本，主要據此文撰寫，而情節頗多改易。然他寫的是文學作品，其中的角色，可以涉及真實的歷史人物，也允許以虛構的人物或情節相混合，此處不擬討論。但太史公寫的是歷史。歷史必須忠於其人其事，不容任主觀的意願自由變動；歷史必須有真憑實據，也不可向壁虛造。可是我們到更古的經籍中，查考環著趙武的人與事，與〈趙世家〉所記的，卻赫然有如下的差異：

㈠關於事實

1. 靈公無道，頻欲殺害趙盾，盾幸免於難

此事《左傳・宣公二年》有極為詳盡的敘述。《史記・晉世家》所載，亦較〈趙世家〉為詳，其架構本於《左傳》。但據《左傳》，登殿搏獒的是盾的戎右提彌明，最後他為救盾而死；而倒戟禦公徒的是桑下餓人靈輒。〈晉世家〉稱提彌明為「示眯明」，《索隱》以為古字音近通用，是可從的；然謂搏獒、倒戟，都是明一人所為，迥然有別。《國語・晉語・五》唯述其中鉏麑觸槐一節❺，《說苑・復恩》僅及餓人反死之事❻，於提彌明隻字未提；紀君祥在《大報讎・楔子》中陳述此事，則緣飾《左傳》、旁採唐人《蒙求記》靈輒扶輪一段❼寫成，似不以〈晉世家〉為然。

2. 趙朔及族人之死

〈趙世家〉謂晉景公三年（即魯宣公十二年，西元前五九七年），屠岸賈「攻趙氏於下宮，殺趙朔、趙同、趙括、趙嬰齊，皆滅其族」。

---

❺ 詳見里仁書局嶄新校注本《國語》，頁三九九。

❻ 詳見世界書局四部刊要本《說苑・卷六》，頁四七。

❼ 洪氏出版社李瀚《蒙求記・卷上》：「《左傳》晉靈公不君，趙盾諫，公患之。飲盾酒，伏甲將攻，頻欲殺盾。盾走出門，將乘車，車已脫一輪；公令人脫之。輒扶車，以臂承軸，馳駕而行。」

但《左傳‧宣公十二年》是這麼記的：

夏，六月，晉師救鄭。荀林父將中軍，先穀佐之；士會將上軍，郤克佐之；趙朔將下軍，欒書佐之。趙括、趙嬰齊為中軍大夫，鞏朔、韓穿為上軍大夫，荀首、趙同為下軍大夫。韓厥為司馬。

則四人健在，且均居要職，無身死族滅之事。

《左傳‧成公二年（即晉景公十一年，西元前五八九年）》載：

郤克將中軍，士燮佐上軍，欒書將下軍，韓厥為司馬，以救魯、衛。

成八年孔疏云：「案二年傳『欒書將下軍』，則於時朔已死矣。」所見甚是。

《左傳‧成公三年》：

十二月，甲戌，晉作六軍，韓厥、趙括、鞏朔、韓穿、荀騅、趙旃皆為卿。

則趙括猶尚未死。

《左傳》成公四年末云：

> 晉趙嬰齊通于趙莊姬。

五年初又云：

> 春，原（即趙同）、屏（即趙括）放諸齊（放趙嬰齊於齊）。

至成公八年（即晉景公十七年，西元前五八三年）夏，《春秋》始書：

> 晉殺其大夫趙同、趙括。

《左傳》云：

> 晉趙莊姬為趙嬰之亡故，譖之于晉侯，曰：「原、屏將為亂！」欒、郤為徵。六月，晉討

趙同、趙括。

據此，原、屏遲至景公十七年始遇難，而非景公三年；當時趙朔已死，趙嬰在齊，也絕不可能四人同時被殺。正因趙朔已死，所以嬰通於莊姬，姬譖原、屏，都不見他出面干涉。

趙朔是趙盾的兒子，趙嬰的姪兒；謚莊，故左氏又稱他的妻子孟姬為趙莊姬。趙氏幾乎滅門的慘禍，實是莊姬一手造成的（成十七年傳亦載韓厥「昔吾畜于趙氏，孟姬之讒，吾能違兵」之語），不是史公所謂的屠岸賈；她是晉成公的女兒，景公的姊妹，也不是成公的姊姊。孔穎達說：

《史記・趙世家》云趙朔娶晉成公姊為夫人，案《傳》，趙衰適妻是文公之女；若朔妻成公之姊，則亦文公之女。父之從母，不可以為妻；且文公之卒至此四十六年，莊姬此時尚少，不得為成公姊也。賈、服先儒皆以為成公之女，故杜從之。❽

所言甚是。以趙氏與晉室的關係，這場禍變，除了具有莊姬這樣的身分，是任何人也煽惑不起來的。

❽《左傳・成公八年・疏》。

3. 趙武的誕生與復立

據〈趙世家〉，趙武是莊姬於景公三或四年所生的遺腹子；生十五年，景公復與田邑如故。果如其言，則景公十九年卒，生前自可復與田邑。但前文考證的結果，晉殺原、屏是景公十七年的事情。武如生於此年或次年，則因景公十九年卒，厲公立；厲公八年卒，悼公立；復與田邑的應是悼公。所以明刊本《趙氏孤兒大報讎・第五折》，就把景公改成了悼公。

其實，這兩說都是錯誤的。因為趙武並不生於家難之年。《左傳・成公八年》載：

> 六月，晉討趙同、趙括。趙武從姬氏（即莊姬）畜于公宮，以其田與祁奚。韓厥言於晉侯曰：「成季（即趙衰）之勳，宣孟（即趙盾）之忠，而無後，為善者其懼矣！三代之令王，皆數百年保天之祿。夫豈無辟王（邪僻之王）？賴前哲以免也。〈周書〉曰『不敢侮鰥寡』，所以明德也。」乃立武，而反其田焉。

討趙同、趙括時，既「趙武從姬氏畜于公宮」，則趙武肯定已出生了。這一節《傳》文，《史記・晉世家》述作：

> （景公）十七年，誅趙同、趙括，族滅之。韓厥曰：「趙衰、趙盾之功，豈可忘乎？奈何

絕祀？」乃復立趙庶子武❾為趙後，復與之邑。

〈韓世家〉則作：

晉景公十七年，病。卜，大業之不遂者為祟。韓厥稱趙成季之功今後無祀，以感景公。景公問曰：「尚有世乎？」厥於是言趙武，而復與故趙氏田邑，續趙氏祀。

都與《傳》文相合。唯獨〈趙世家〉把「十七年」改作「三年」，把「晉討趙同、趙括」改作「大夫屠岸賈欲誅趙氏」。更把《左傳》「趙武從姬氏畜于公宮」這句具有關鍵性的話刪除，代之以一大篇曠古未聞的「搜孤救孤」的故事；而這句話的真實可信，因《國語・晉語・九》載有晉大夫郵無正告趙簡子「昔先主文子（即趙武）少釁於難，從姬氏於公宮」之言，可謂鐵案如山，不容置疑。以太史公的博物洽聞，為何寫出這樣一大段既違離聖經賢傳，又自與晉、韓〈世家〉齟齬的文字？是值得我們深入探討的。

❾《左傳・襄公三十一年》：「穆叔曰：『趙孟將死矣！其語偷，不似民主；且年不及五十，而諄諄焉如八九十者，弗能久矣！』」《白虎通・姓名》云：嫡長稱伯，庶長稱孟。趙武字孟，故當為庶子。

(二)關於人物

〈趙世家〉記述孤兒的文辭中，包含很多人物。就中晉靈公、晉景公、趙盾、韓厥、趙同、趙括、趙嬰、趙朔、趙朔妻、趙武，皆見於《左傳》及〈晉世家〉；但尤為重要的屠岸賈、公孫杵臼和程嬰，均不見於此篇以外的典籍。這三個人物，你說根本沒有吧，唐張守節《史記正義》卻說：

今河東趙氏祀先人，猶別舒一座祭二士（指程嬰、公孫杵臼）矣。

《宋史・列傳第二百三十・姦臣一》說：

吳處厚者，邵武人，登進士第。仁宗屢喪皇嗣，處厚上言：「臣嘗讀《史記》，考趙氏廢興本末。當屠岸賈之難，程嬰、公孫杵臼盡死以全趙孤；宋有天下，二人忠義未見褒表。宜訪其墓域，建為其祠。」帝覽其疏矍然，即以處厚為將作丞，訪得兩墓於絳，封侯立廟。

錢鍾書《管錐篇・史記會注考證・十二》也說：

又按程嬰、公孫杵臼保趙氏嬰事，後世唱歎。陶潛〈讀史述九章〉之四即曰：「望義如歸，允兮二子！」黃庭堅〈題榮州祖元大師此君軒〉亦曰：「程嬰、杵臼立孤難，伯夷、叔齊采薇瘦。」紀君祥《趙氏孤兒》劇本且傳入歐洲，仿作紛如。宋神宗時，因吳處厚奏：「國家傳祚至今，皆二人之力。」遂追封嬰為成信侯，杵臼為忠智侯，立廟致祭。詳見處厚《青箱雜記・卷九》。

不是無分古今中外，無分貴賤親疏，許多人都已確信其必有嗎？

你若說實有其人呢？唐孔穎達《左傳・成公八年・疏》卻說：

《史記》又稱有屠岸賈者，有寵於靈公，此時為司寇，追論趙盾弒君之事，誅趙氏，殺趙朔、趙同、趙括而滅其族。案（成）二年傳「欒書將下軍」，則於時朔已死矣。同、括為莊姬所譖，此年見殺，趙朔不得與同、括俱死也。於時晉君明，諸臣彊，無容有屠岸賈輒廁其間，得如此專恣。

清趙翼《陔餘叢考・卷五》以為《左傳》莊姬譖同、括之說確鑿可信；而屠岸之姓，始見《國語・晉語・二》「既殺奚齊、卓子，里克及丕鄭使屠岸夷告公子重耳於狄」之言，其後亦未見更有姓屠岸之人仕於晉者；不信果有屠岸賈其人。並說：

以理推之，晉景公並未失國政，朔妻乃其姊也，公之姊既在宮生子，賈何人輒敢向宮中索之，如曹操之收伏后乎？況其時尚有欒武子、知莊子、范文子及韓獻子共主國事，區區一屠岸賈，位非正卿，官非世族，乃能逞威肆毒，一至此乎？且即《史記》之說，武為莊姬所生，則武乃趙氏嫡子也，而〈晉世家〉又以為庶子⑩。〈晉世家〉，景公十七年殺同、括，仍復趙武邑；晉〈年表〉於景十七年，亦言復趙武田邑；而〈趙世家〉又謂十五年後。則其一手所著書，已自相矛盾，益可見屠岸賈之事出於無稽，而遷之採摭荒誕不足憑也。《史記》諸〈世家〉，多取《左傳》、《國語》以為文；獨此一事，不用二書而獨取異說，而不知其牴牾。信乎好奇之過也！

梁玉繩《史記志疑‧卷二十三》則說：

案下宮之事，《左‧成八年‧疏》、《史通‧申左》篇並以《史》為繆，後儒力辨其誣。惟劉

---

⑩ 〈晉世家〉不誤，參見⑨。

向采入《說苑・復恩》、《新序・節士》；《皇極經世》依〈世家〉書之前編，分載賈殺趙朔在周定王十年（即魯宣公十二年），趙姬譖殺原、屏在簡王三年（即魯成公八年）；皆不足據也。……匿孤報德，視死如歸，乃戰國俠士、刺客所為，春秋之世，無此風俗；則斯事固妄誕不可信。而所謂屠岸賈、程嬰、杵臼，恐亦無其人也。

郭嵩燾《史記札記・卷四》也說：

案《春秋・成八年》：「晉殺其大夫趙同、趙括。」據《左氏傳》，則趙嬰齊之放於齊，由於趙同、趙括；同、括之見殺，由於趙朔之妻莊姬之愬。趙嬰齊之亡在成公五年，是時趙朔已前死矣。成公十八年趙武為卿，距趙同、趙括見殺時僅十年耳；其後襄公三十一年，穆叔譏趙武年未盈五十，則當以四十八、九矣，距趙同、趙括見殺時凡四十一年，距趙朔死四十五年；然則趙朔死時，趙武生已四、五年。屠岸賈之名，尤無可考。史公蓋雜采當時軼聞，附會為文，以一發奇耳。

又都斥為虛構。

二說相較，後者理長。為甚麼呢？

以屠岸賈言，〈晉語〉有屠岸夷，則「屠岸」為氏族之名，此族的先世絕不可考。在春秋世卿制度之下，重耳得國，既未聞屠岸夷受到重用，亦未見屠岸賈建功立德；及景公之世，賈忽然權傾一時，位比政卿⓫，顯然無此可能。〈趙世家〉言賈為大司寇，據《周禮．秋官》，大司寇主管刑獄，貴為六卿之一；但這部經書是後儒偽託的，不可據為典要。雖然《左傳》莊二十年載鄭厲公告虢叔，有「夫司寇行戮，君為之不舉」之言；襄三年魏絳上晉悼公書，有「請歸死於司寇」之語；但是當時的晉國，司寇只掌司法，不理政、軍，並非握有權勢的貴官。《左》、《國》之中，沒有一位著名的晉大夫是司寇出身的。這件事，太史公理應心知肚明；他故意賦予屠岸一個不適當的官職，必然也有他的用心。

表明身分的屠岸賈，如此禁不起考驗；身分不明的「趙朔客」公孫杵臼、「朔友」程嬰，就不必談了。縱使好事的人為他們築墓、立廟、封侯，也掩不住史公虛構故事，卻怕我們信以為真，有意為我們留下的重重疑竇。

三

憑甚麼說史公虛構故事呢？

⓫《左傳》宣公元年，宣子為政。是為政卿。

似可就他的家世、遭遇、《史記》、書信，加以說明。

《史記・太史公自序》說：

昔在顓頊，命南正重以司天，北正黎以司地。唐、虞之際，紹重黎之後，使復典之，至於夏、商；故重黎氏世序天地。其在周，程伯休父其後也。當周宣王時，失其守而為司馬氏。司馬氏世典周史，惠、襄之間，司馬氏去周適晉。晉中軍隨會奔秦，而司馬氏入少梁。自司馬氏去周適晉，分散，或在衛，或在趙，或在秦。

請注意：在這段文章裏，有關故事中人物和背景的「程」、「趙」、「晉」等字，以及它們與司馬氏的關係，已隱隱出現了。

《史記・李將軍列傳》說：

天漢二年，秋，貳師將軍李廣利將三萬騎，擊匈奴右賢王於祁連、天山，而使陵將其射士步兵五千人，出居延北可千餘里；欲以分匈奴兵，毋令專走貳師也。陵既至期還，而單于以兵八萬圍擊陵軍。陵軍五千人，兵矢既盡，士死者過半，而所殺傷匈奴亦萬餘人。且引且戰，連鬥八日，還未到居延百餘里，匈奴遮狹絕道，陵食乏而救兵不到。虜急擊，招降陵，陵曰：「無面目報陛下！」遂降匈奴。其兵盡沒，餘亡散得歸漢者四百餘人。單于既得陵，素聞其家聲，及戰又壯，乃以其女妻陵而貴之。漢聞，族陵母妻子。

司馬遷又在〈報任少卿書〉⓬中說：

> 陵未沒時，使有來報，漢公卿、王侯皆奉觴上壽。後數日陵敗書聞，主上為之食不甘味，聽朝不怡；大臣憂懼，不知所出。僕竊不自料其卑賤，見主上慘悽怛悼，誠欲效其款款之愚。以為李陵素與士大夫絕甘分少，能得人之死力，雖古名將不過也。身雖陷敗，彼觀其意，且欲得其當以報漢。事已無可奈何，其所摧敗，功亦足以暴於天下矣。僕懷欲陳之而未有路，適會召問，即以此指推言陵之功，欲以廣主上之意，塞睚眥之辭；未能盡明，明主不深曉，以為僕沮貳師，而為李陵遊說，遂下於理。拳拳之忠，終不能自列。因為誣上，卒從吏議。家貧，貨賂不足以自贖，交遊莫救，左右親近不為壹言。身非木石，獨與法吏為伍，深幽囹圄之中，誰可告愬者！此正少卿所親見，僕行事豈不然乎？李陵既生降，隤其家聲；而僕又茸以蠶室，重為天下觀笑。悲夫！悲夫！事未易一二為俗人言也！

⓬ 見《漢書・司馬遷傳》及《文選・卷四十一》，此用《漢書》。

涉入李陵之禍，是史公最大的不幸。李陵蒙冤，為母妻子帶來滅族的慘禍；史遷仗義言人之不敢言，落得身受宮刑，連在法律許可下，肯為他輸財贖罪的人都沒有。

在這樣的背景中，我們彷彿看見了「趙氏孤兒」無助的身影。

〈報任少卿書〉又說：

> 僕聞之：修身者，智之府也；愛施者，仁之端也；取予者，義之符也；恥辱者，勇之決也；立名者，行之極也；士有此五者，然後可以託於世，列於君子之林矣。故禍莫憯於欲利，悲莫痛於傷心，行莫醜於辱先，而詬莫大於宮刑。刑餘之人，無所比數，非一世也，所從來遠矣。……夫中材之人，事關於宦豎，莫不傷氣，況忼慨之士乎？

受了最恥辱的宮刑，身為「忼慨之士」的司馬遷，傷痛欲絕。但在此信中他一再表示立名後世的決心，而他撰述的《史記》尚未完成；再加上他早失雙親，沒有兄弟，不忍棄妻子於不顧；所以隱忍受刑，苟活下來。可是從他告訴任安的話

> 僕以口語，遇遭此禍，重為鄉黨戮笑，以汙辱先人，亦何面目復上父母之丘墓乎？雖累百世，垢彌甚耳！是以腸一日而九回，居則忽忽若有所亡，出則不知所往。每念斯恥，汗未

嘗不發背霑衣也

看來，他的內心，實在充滿了既怨又恨的悲情。於是他在〈伯夷列傳〉中說：

> 或曰：「天道無親，常與善人。」若伯夷、叔齊，可謂善人者非邪？積仁絜行如此，而餓死！且七十子之徒，仲尼獨薦顏淵為好學；然回也屢空，糟糠不厭，而卒蚤夭！天之報施善人，其何如哉？盜跖日殺不辜，肝人之肉，暴力恣睢，聚黨數千人橫行天下，竟以壽終。是遵何德哉？此其尤大彰明較著者也。若至近世，操行不軌，專犯忌諱，而終身逸樂富厚，累世不絕；或擇地而蹈之，時然後出言，行不由徑，非公正不發憤，而遇禍災者，不可勝數也。余甚惑焉。儻所謂天道，是邪？非邪？

對天理提出了質疑。又在〈屈原賈生列傳〉中說：

> 夫天者，人之始也；父母者，人之本也；人窮則反本，故勞苦倦極，未嘗不呼天也；疾痛慘怛，未嘗不呼父母也。屈平正道直行，竭忠盡智以事其君，讒人閒之，可謂窮矣；信而見疑，忠而被謗，能無怨乎？屈平之作〈離騷〉，蓋自怨生也。

寫的雖是屈原，實夫子之自道。〈離騷〉自怨生，只怕《史記》中的〈伯夷列傳〉、〈伍子胥列傳〉、〈屈原賈生列傳〉、〈刺客列傳〉、〈酷吏列傳〉、〈游俠列傳〉、〈佞幸列傳〉、〈滑稽列傳〉等，也都是自怨而生的吧？尤其〈趙世家〉中，不合史實的趙氏孤兒故事，更是他化怨恨為志切復仇的寫照；這由他虛構的三個主角的姓名，可以明見：

屠岸賈，屠岸應是屠夫聚集的地方，賈是開有店舖的商人；這個名字，其實暗指高居廟堂的暴君武帝，與那群諂媚希旨的酷吏。他們凶狠得絕人子嗣、滅人宗族，一定得滿門抄斬，方雪心中之恨。

趙氏孤兒，是無辜的李陵，同時也是史公自己的化身。

程嬰，指挺身救李陵的司馬遷，也指患難中的司馬遷所期待的救星。程氏和司馬氏同宗，嬰是不曉世事的赤子。在涉及專制暴君的愛憎之下，敢於犯顏直諫、批其逆鱗的，非得天真得像嬰兒才行。

公孫杵臼，指仗義伸出援手的貴人。古代諸侯之孫稱公孫，所以此人必有來頭。犯天子之怒的人，一般人沒有資格出面關說，須得貴人。但聰明的貴人不會作這種傻事，所以得找一個樸實得像日用的杵臼似的、具有耿直頂撞性格的貴人相救。

至於那些實有的人物，卻都是用來串場或跑龍套的配角，反而無關緊要。

「趙氏孤兒大報讎」，說穿了，就是「沒有人憐惜的、愚昧天真的司馬遷大報讎」。太史公說的「悲夫，悲夫」，悲的是此仇未報；他「陽一日而九回」，為的是此仇未報；他問「能無怨乎」，答案是「不能」；他問「儻所謂天道，是邪，非邪」，答案是「此仇不報，斷無天理」。

如果我們說太史公〈報任少卿書〉是他的絕命辭，那麼趙氏孤兒的故事，就是他留給我們開啟他心扉的鑰匙。他唯恐我們不得其門而入，所以故意留下一連串的疑竇，導引我們進入他的心靈深處，從而察覺他的悲情，伴他同聲一哭！

氏族制度考源

一、上古姓氏制度之概況

姓氏制度，蓋草創於上古，故《國語・晉語・四》載司空季子之言曰：「黃帝之子二十五人，其同姓者二人而已。唯青陽與夷鼓皆為己姓❶。青陽，方雷氏之甥也❷；夷鼓，彤魚氏之甥也。其同生而異姓者，四母之子，別為十二姓。凡黃帝之子二十五宗，其得姓者十四人，為十二姓❸：

❶ 韋注：此二人相與同德，故俱為己姓。

❷ 己姓之「青陽」當作「清陽」，其裔孫為少昊帝摯；與後文姬姓之「青陽」，西陵氏之女嫘祖所生，即玄囂，其後裔為高辛者有別。見雷學淇校輯《世本・帝繫》、施之勉《史記會注考證訂補・五帝紀》。

姬、酉、祁、己、滕、箴、任、荀、僖、姞、儇、依是也。唯青陽與蒼林氏同于黃帝，故皆為姬姓❹，同德之難也如是。昔少典娶于有蟜氏，生黃帝、炎帝❺。黃帝以姬水成，炎帝以姜水成，成而異德，故黃帝為姬，炎帝為姜，二帝用師以相濟也❻；異德之故也。」〈周語・下〉載太子晉之言曰：「皇天嘉之（謂禹），祚以天下，賜姓曰姒，氏曰有夏，謂其能以嘉祉殷富生物也❼。祚四嶽國，命以侯伯，賜姓曰姜，氏曰有呂，謂其能為禹股肱心膂，以養物豐民人也❽。」細繹二賢所言，可臚陳下列數事：

1. 帝王可賜姓予臣子；雖於子，不必人人賜姓。至為慎重。

2. 賜姓之時，同德則同姓，異德則異姓，不必人各一姓，亦不必與己異姓。

❸ 韋注：得姓，以德居官而初賜之姓。謂十四人而內二人為姬，二人為己，故十二姓。

❹ 韋注：二十五宗，唯青陽與蒼林德及黃帝，同姓為姬也。

❺ 韋注：賈侍中云：少典，黃帝、炎帝之先；有蟜，諸侯也；炎帝，神農也。虞、唐云：少典，黃帝、炎帝之父。昭謂：神農，三皇也，在黃帝前，黃帝滅炎帝，滅其子孫耳，明非神農可知也。言生者，謂二帝本所生出也。《內傳》：高陽、高辛各有才子八人。謂其裔子耳。賈君得之。

❻ 韋注：「濟」，當為「擠」。擠，滅也。（僖二十五年）《傳》曰：黃帝戰於阪泉。

❼ 韋注：祉，福也。殷，盛也。賜姓曰姒、氏曰有夏者，以其能以善福，殷富天下，生育萬物也。姒，猶祉也。夏，大也。以為善福殷富天下為大也。浩按：夏姓姒，以《論衡・詰術》說為正，見頁二四九引。

❽ 韋注：肱，臂也。豐，厚也。氏曰有呂者，以四嶽能輔成禹功，比於股肱心膂也。呂之為言膂也。

3. 賜姓之同時，亦賜以氏；然二者多據受賜者之德命之，與下節所述周代賜姓氏之制度，不盡相同。《潛夫論・志氏姓》云：昔者聖王「省群臣之德業，而賜姓命氏，因彰功德」，最能道其根本。然同姓者必別之以異氏，斯可斷言也。

4. 有德者受姓、氏後，不為帝王（若禹），則為諸侯（若四嶽，古掌四時、方嶽之官），皆有土地民人，故知其制乃依傍封建而生者，不得上溯至太古。

凡此實開周代氏族制度之先河，惜文獻不足，無從深考也。

二、周代氏族制度之考究

爰及周世，配合當代宗法制度，不唯上承往古，天子賜姓、氏予諸侯；且另闢蹊徑，諸侯亦得賜族於大夫。致使此一有姓、有氏、有族之新制，枝布葉分，益形綿密。

王國維〈殷周制度論〉曰：「周初宗法雖不可考，其見於七十子後學所述者，則〈喪服小記〉曰：『別子為祖，繼別為宗，繼禰者為小宗。有五世而遷之宗，其繼高祖者也。是故祖遷於上，宗易於下，敬宗所以尊祖禰也。』〈大傳〉曰：『別子為祖，繼別為宗，繼禰者為小宗。有百世不遷之宗，有五世則遷之宗——百世不遷者，別子之後也；宗其繼別子者，百世不遷者也。宗其繼高祖者，五世則遷者也。尊祖，故敬宗；敬宗，尊祖之義也。』是故有繼別之大宗，有繼高祖之

宗，有繼曾祖之宗，有繼祖之宗，有繼禰之宗，是為五宗。其所宗者，皆嫡也；宗之者，皆庶也。」❾

呂誠之《先秦史》曰：「別子之世適，謂之大宗，百世不遷。世適而外，是為小宗：其子繼之，時曰繼禰小宗；其孫繼之，時曰繼祖小宗，其曾孫繼之，時曰繼曾祖小宗；其玄孫繼之，時曰繼高祖小宗。繼禰者，親弟宗之；繼祖者，從父昆弟宗之，繼曾祖者，從祖昆弟宗之；繼高祖者，從曾祖昆弟宗之；更一世絕服，則不復來事，而自事其五服內繼高祖以下者，所謂『五世則遷』也。然則一人之身，當宗與我同高、曾、祖、父四代之正適，及大宗之宗子，故曰『小宗四，與大宗凡五』❿也。」

二氏於宗法之制，均有精要之闡述。孫曜嘗就萬光泰之《宗法表》及萬斯大之《宗法論》，參互其說，以諸侯為例，譜成「宗法表」一種⓫，尤有助對宗法之了解，茲並其說明，錄備參考：

---

❾ 見《觀堂集林・卷十》，河洛圖書出版社。

❿ 見《禮記・大傳》鄭注。

⓫ 見《春秋時代之世族・第二章・第三節》，華世出版社。

所謂「別子」，鄭康成注〈喪服小記〉曰：「別子者，諸侯之庶子，別為後世始祖者也。謂之別子者，公子不得禰先君也。」又注〈大傳〉曰：「別子，謂公子若始來在此國者，後世以為祖也。」《正義》申之曰：「『別子，謂公子』者，諸侯適子繼世為君，其適子之弟別於正適，是諸侯之子，故謂之別子也。云『若始來在此國者』，此謂非君之戚，或是異姓始來在此國者，故亦謂之別子；以其別於在本國不來者。」鄭注專據諸侯為言，於義未周；天子之庶子亦有為別子者，如王子虎之為王叔氏始祖，王子帶之為甘氏始祖是也。所謂異姓始來在此國者，蓋如陳公子完奔齊，別為陳氏（後改田氏）之始祖；伍員之子在齊，別為王孫氏之始祖是也。然此非宗法之常也。鄭注云「公子不得禰先君」，不得禰者，不得立其宗廟而祭之也❹。此但據尋常之公子言耳，若諸侯、大夫有大功德，亦可祖天子、諸侯；故其《周禮・春官・宗人・注》云：王子弟立其祖王之廟，〈家宗人・注〉云：大夫若先王之子孫，亦有祖廟；且《五經異義》曰：「禮戴引此〈郊特牲〉云：（諸侯不敢祖天子，大夫不敢祖諸侯。）❺又，匡衡說：支庶不敢薦其禰，下土諸侯不得專祖於王。古《春秋》左氏說：天子之子以上德為諸侯者，得祖所自出；魯以周公之故，立文王廟；《左傳》：宋祖帝乙，鄭祖厲王，猶上祖也。又曰：凡邑，有宗廟先君之主曰都。以其有先君之主。公子為大夫，所食采地，亦自立所出公廟。其立先公廟，準禮，公子得祖先君，公孫

❹ 見《儀禮・喪服・注》。
❺ 二語據陳壽祺《五經異義疏證》補。

不得祖諸侯。許慎謹案：周公以上德封於魯，得郊天，兼用四代之禮樂，知亦得祖天子。諸侯有德（通『得』）祖天子者，知大夫亦得祖諸侯。」❻康成無駁，與許同也。是則所謂「別子」，實庶子之別為後世始祖者之稱，不限於「諸侯之庶子」也，不為「公子不得禰先君」也；其偶有出在他國，自立新宗，別於在本國不來者，非常典也。別子之所以成其為別子，必待天子胙之土地、賜之姓氏、使之建國，諸侯分之采邑、賜之以族、使之立家，然後乃可；絕非具有某種身分，而能自然成之者。此於下文探討周時賜姓命族之制度後，當更易於了解。

《左傳・隱公八年》載：

無駭卒，羽父請謚與族。公問族於眾仲，眾仲對曰：「天子建德，因生以賜姓，胙之土而命之氏。諸侯以字為謚，因以為族；官有世功，則有官族；邑亦如之。」公命以字為展氏。

此有關周代氏族制度，最原始之紀錄也。

無駭卒，必為之請，方始有族，則見族由君賜，不得身自為之也。《正義》曰：「其士會之帑處秦者為劉氏，伍員之子在齊為王孫氏，《外傳》稱知果知知伯之將滅自別其族為輔氏，如此之

❻《禮記・郊特牲・正義》引。

類，皆是身自為之，非復君賜。《釋例》曰：「子孫繁衍，枝布葉分，始承其本，末取其別，故其流至於百姓萬姓。其言自有百姓萬姓，未必皆君賜也。」所舉為少許之特例，乃上文所謂異姓始來在此國者，非其常也。

夫無駭，魯卿，時為司空⑰，公子展之後也。羽父為之請族者，一則以其身為魯卿，建功立德，已具賜族之資格⑱，而生時未得君賜，故欲死後追贈；一則無駭本魯公族，身屬魯氏之一員，廁身五世則遷之小宗，欲使成為別子，獲得新族，另建百世不遷之大宗也。天子封建諸侯，賜之姓氏，令為宗主，古已有之；而諸侯得賜族予大夫，使由本宗別出，則周代新制。賜族之事，既屬賜姓命氏之延申，必當在大夫生時為之，以寵其身，以庸其功，乃為正法，故魯公子彄字子臧，為臧氏之始祖，隱五年傳稱臧僖伯；桓二年，宋華父賂四國，為華氏之始祖；而晉士會初受隨為隨氏，更受范為范氏，文十三年傳稱隨會，昭二十年傳稱范會；呂甥初受陰為陰氏，更受瑕為瑕氏⑲，僖十五年傳稱瑕呂飴甥，又稱陰飴甥⑳；如此之屬，不可勝數，皆生時受族之明證。且周

⑰ 隱二年傳：「司空無駭入極。」

⑱ 隱八年《正義》：「此無駭是卿，羽父為之請族，蓋為卿乃賜族，大夫以下或不賜也。」

⑲ 瑕當為呂甥所受新邑。據僖十五年及三十年傳，晉惠公初賂秦穆公以河外之列城五，瑕即其一也。

⑳ 呂蓋其舊氏，初食采於陰而受族為陰氏，僖十五年與秦談和有功，又受瑕邑，亦稱瑕甥（見僖公二十四年傳）。其人似無後，子孫不聞。

代宗法制與封建雜糅並行，建國立家，咸皆及身為之；命氏賜族，理當與之配合，不應置諸身後。自杜氏《釋例》，以舊說「大夫有功德者則生賜族」為非，孔氏《正義》奉為律令，以死後賜族為正法，屢以為言；覈之經傳，多有未合。劉文淇《左傳舊疏考正・二》嘗規其失，其言曰：「按：僖二十五年：『宋蕩伯姬來逆婦』，杜注：『伯姬，魯女，為宋大夫蕩氏妻也。』疏云：『宋有蕩氏者，宋桓公生公子蕩，蕩生公孫壽，壽生蕩意諸。意諸之後以蕩為氏，則此人氏蕩也，故云蕩氏妻。』而此疏㉑云：『蕩伯姬者，公子蕩之妻……蕩非當時之氏。』又定十二年『衛公孟彄帥師伐曹』，杜注：『彄，孟縶子。』疏云：『〈世族譜〉云：孟縶無子，靈公以其子彄為之後也。為後則為其子，故云「孟縶子」。此實公孫，而不稱公孫者，縶字公孟，故即以公孟為氏。』而此疏云：『其公孟彄，《世本》以為靈公之子，子公孟，名彄，與季友、仲遂相似，俱以字配名。』不同者，彼為舊疏，此則沖遠駁劉申杜之詞，而實與杜注違，孔序所謂『蠹生于木，而反食其木。』㉒者，乃自蹈之矣。又按：僖十五㉓年『公子季友卒』，劉炫謂：季友、仲遂皆生賜族，非字。成十五年『仲嬰齊卒』，劉炫云：仲遂受賜為仲氏。而此疏言季友、仲遂之非氏，是必光伯引季友、仲遂、及蕩伯姬、公孟彄之等，以證生而賜族，故唐人條辨之；雖經刪削，可以意測

㉑ 謂隱八年《正義》。後同。

㉒ 〈春秋正義序〉作「蠹生於木，而還食其木」。

㉓ 原作五，當作六。

也。」㉔最能明其齟齬，未若光伯得實也。

傳曰「**天子建德**」，建有德者為諸侯也。曰「**因生以賜姓**」，杜注：「因其所由生以賜姓。謂若舜由嬀汭，故陳為嬀姓。」《論衡・詰術》：「古者因生以賜姓，因其所生，賜之姓也。若夏吞薏苡而生，則姓姒氏；商吞燕子而生，則姓子氏；周履大人跡，則姬氏。」與前節所引〈晉語〉合觀，則「因生以賜姓」，謂以與其太祖出生有關之事物，或其太祖之發祥地，或其太祖之德，賜之為姓。曰「**胙之土而命之氏**」，謂天子於所封諸侯，既以土賜之，使之建國；又以所賜之氏命之，以為國號也。注：「報之以土，而命氏曰陳。」於義未盡。《正義》：「胙，訓報也。有德之人，必有美報。報之以土，謂封之，以國名以為之氏；諸侯之氏，則國名是也。」按：胙本宗廟祭肉之稱，周禮天子以胙分賜諸侯，俾為神所饗、為福所被㉕，故《說文》曰：「胙，祭福肉也。」引申之，則有賞賜分封之義，韋注〈齊語〉「反胙于絳」引舊說：「胙，賜也。」證胙字古有此訓，實此傳及〈周語〉「天地所胙」之確詁，杜、孔以報釋之，於義未洽；其說諸侯以國名為氏，亦與傳違。

《史記・陳杞世家》曰：「陳胡公滿者，虞帝舜之後也；昔舜為庶人時，堯妻之二女，居於

㉔ 南菁書院本《皇清經解續編・卷七百四十八》。

㉕ 《說文繫傳》：「胙，祭福肉也。从肉，乍聲。臣鍇按：〈僖九年〉《春秋左傳》王使賜齊侯胙。言為神所饗，為福所被也。」

嬀汭，其後因為氏姓，姓嬀氏。舜已崩，傳禹天下，而舜子高均為封國，夏后之時，或失或續；至于周武王克殷紂，乃復求舜後，得嬀滿，封之於陳，以奉帝舜祀，是為胡公。」斯杜注之所本也。史公先述胡公得姓之由，後言得姓之時，與昭八年傳「及胡公不淫，故周賜之姓」合；乃《正義》曰：「《史記》以為胡公之前已姓嬀。」失其旨矣。考周之子孫皆姬姓，唯新賜胡公因其祖嘗居嬀汭而姓嬀，自外異姓諸侯如齊太公、宋微子、楚熊繹，皆因其舊姓。《正義》曰：「黃帝之子兄弟異姓，周之子孫皆姓姬者，古今不同，質文代革，周代尚文，欲令子孫相親，故不使別姓。」是也。又考天子命氏之制，經、史並無明文，然諸侯之國號，莫不與氏同名，如魯君則魯氏，鄭君則鄭氏。凡《春秋》於列國大夫不稱氏者，如鄭之宛（見隱八年）、魯之挾（見隱九年），咸為公族，不煩明舉也；其稱宋督（見桓二年）、陳佗（見桓六年）者，宋、陳其氏也，非謂宋國之督，陳國之佗也。然則以國名為氏名乎？抑以氏名為國名乎？猶有待探究者也。《史記．秦本紀》贊曰：「秦之先為嬴姓，其後分封，以國為姓，有徐氏、郯氏、莒氏、終黎氏（《集解》引徐廣：『《世本》作鍾離。』）、運奄氏、菟裘氏、將梁氏、黃氏、江氏、脩魚氏、白冥氏、蜚廉氏、秦氏。然秦以其先造父封趙城，為趙氏。」《通志．氏族略．二．以國為氏》：「臣謹按：嬴，姓也；秦，氏也；何謂『以國為姓』乎？徐、郯、莒、黃、江，國也，以國為氏者；鐘黎楚邑、菟裘魯邑也，以邑為氏者；蜚廉，人名也，以名為氏者；何謂『以國為姓』乎？凡此十三氏，並趙為十四氏，其為氏不同；而姓則同嬴也。由司馬氏作〈紀〉、〈世家〉，為譜系之始，而昧於此義，致後世姓、氏無別焉。」夾漈既指摘史公「以國為姓」之非，又不慊其以徐、郯、趙等十四氏咸為國名，自是卓議；然未見其加以訂正。今按：此十四國實皆以氏為名；謂國以氏為名，則靡有不愜人意者。是知天子既賜姓、氏於先，復命以氏名為國名於後，《正義》謂「諸侯之氏，則國名是也」，顛倒本末，上承史公之敝耳，非其實也。且此十四氏，有以人名為之者，有以邑名為之者（夾漈所謂「以國為氏者」，實亦以邑為氏也），與下傳眾仲言諸侯賜族之法制相類；蓋賜氏與賜族之法度無異，故略於前而詳於後也。

《孟子・萬章・下》曰：「天子之卿受地視侯，大夫受地視伯，元士受地視子、男。」則天子之卿大夫，位比諸侯，亦當王賜之氏。《正義》曰：「眾仲以天子得封建諸侯，故云胙土命氏，據諸侯言耳。其王朝大夫不封為國君者，亦當王賜之族。何則？春秋之世，有尹氏、武氏之徒，明亦天子賜之，與諸侯之臣，義無異也。」以王朝大夫比之諸侯之臣，以賜氏為賜族，於義未安也。夫氏由姓分出，受諸天子；族又由氏分出，稟之時君；尊卑有差矣。故成十四年經云「叔孫僑如如齊逆女」，傳曰「稱族，尊君命也」；經又云「僑如以夫人婦姜氏至自齊」，傳曰「舍族，尊夫人也」；《戰國策・秦策》亦曰「昔者曾子處費，費人有與曾子同名族者而殺人」；是於叔孫也，曾也，皆當以稱「族」為正。於時「族」雖可通稱為「氏」，如此傳「公命以字為展氏」，僖九年傳「故魚氏世為左師」，《正義》雖有「氏、族對文為別，散則通也」之說；講論制度，固當從分，以免混淆。

傳曰「諸侯以字為謚，因以為族」，是眾仲於陳述氏族制度中，兼述賜謚之法也。以賜族言，但云「諸侯以（大夫本人之）字為族」可矣，唯無駭已卒，並當賜謚，故一並告公，言可以大夫之字為之謚，從而以謚為之族也。倘生而賜族，則不煩如此。劉文淇《春秋左氏傳舊注疏證》考此傳之句讀曰：「杜讀『字』絕句。顧炎武云：陸氏按：鄭康成駁許叔重《五經異義》，引此傳文，云『諸侯以字為氏』，今作『謚』者，傳寫誤也。惠棟云：今此以『氏』作『謚』者，傳寫誤也，杜考之不詳，乃妄斷其句而強解之。洪亮吉云：按：據服注及《五經駁義》，則『謚』為『氏』誤甚明，第承譌已久，未敢更定。按柳芳《姓系論》云：左丘明傳《春秋》，亦言諸侯以字為氏，以謚為族。《魏書．官氏志》云：諸侯則以字與謚。兩書皆櫽括傳文，而以『字』、『謚』連言。或疑今本傳文有奪字，然《正義》引劉炫說，稱『以謚為族，全無一人』，是劉氏所見本無『謚』字矣。莫能明也。」考《史記．五帝本紀．集解》引鄭玄駁《五經異義》曰：「《春秋左傳》：『無駭卒，羽父請謚與族。公問族於眾仲，眾仲對曰：「天子建德，因生以賜姓，胙之土而命之氏。諸侯以字為氏，因以為族；官有世功，則有官族；邑亦如之。」公命以字為展氏。』以此言之，天子賜姓命氏，諸侯命族。族者，氏之別名也。姓者，所以統繫百世使不別也；氏者，所以別子孫之所出。故《世本》之篇，言姓則在上，言氏則在下也。」是即諸家所據者矣。復考《禮記．檀弓．上》：「魯哀公誄孔丘曰：『天不遺耆老，莫相予位焉！嗚呼哀哉！尼父！』」鄭注：「誄其行以為謚也。……尼父，因且字㉖以為之謚。」《儀禮．少牢饋食禮》：「孝孫某，來曰丁亥，用薦歲事于皇祖伯某。」鄭注：「伯某，且字也。大夫或因字為謚，《春秋傳》曰：魯無駭卒，請謚與族，公命之以字為展氏，是也。」並證康成讀「以字為謚」句。其駁《異義》今作「以字為氏」，「氏」乃「謚」字傳鈔之誤㉗，不得反據以改訂傳文。鄭注引據《左傳》，以明伯某之「某」，無謚者則為且字，有謚者即當為謚號。此前儒言「以字為謚」，最早且信而有徵者。蓋西周之制，大夫因字為謚，與天子、諸侯之謚法不同；比及春秋，王朝大夫位視諸侯，如甘昭公、劉康公、單襄公等不計，列國如魯之臧僖伯、孟穆伯、季武子，齊之管敬仲、高宣子、國莊子，晉之共太子、趙成子、欒貞子等，皆有專謚，與君無別，是則周法之變，非守禮大夫所樂道也。

杜注此傳曰：「諸侯位卑，不得賜姓氏，故其臣因氏其王父字，或便即先人之謚稱以為族。」又曰：「諸侯之子稱公子，公子之子稱公孫，公孫之子以王父字為氏。無駭，公子展之孫，故為展氏。」疏引服虔：「公之母弟，則以長幼為氏，貴適統，伯、仲、叔、季是也。庶公子則以配字為氏，尊公族，展氏、臧氏是也。」二說基本之歧異，厥在杜主展為王父之字，服主展為無駭

㉖ 且字，服虔謂之「配字」，古者二十始冠之字也。《說文》：「且，所㠯薦也。」段注：「且，古音俎，所以承藉進物者。引伸之，凡有藉之詞皆曰且。……凡經言『且字』者十有一：〈鄉飲酒禮〉注：『同姓，則以伯、仲別之；又同，則以且字別之。』言同姓之中有伯、仲同者，則呼某甫也。……蓋古二十而冠，衹云某甫；五十而後以伯、仲。某甫者，所以藉伯、仲也，故鄭注禮之某甫如是。」

㉗ 阮元〈校勘記〉已有此說。

字。此則服是而杜非也。

杜讀此傳，於「字」字絕句，句讀既誤，其「諸侯位卑」一節，可以勿論。其稱「諸侯之子稱公子，公子之子稱公孫」，本《儀禮・喪服・子夏傳》，稱「公孫之子以王父字為氏」，本成十五年《公羊傳》，糅雜成說，實無可取，而仲達、夾漈從之，拳拳弗失。《正義》曰：「以字為族者，謂公子之曾孫以王父字為族也。」又曰：「此無駭是（孝）公之曾孫。」《通志・氏族略・一・氏族序》曰：「凡諸侯之子稱公子，公子之子稱公孫，公孫之子不可復言公孫，則以王父字為氏，如鄭穆公之子曰公子騑，字子駟，其子曰公孫夏，其孫則曰駟帶、駟乞；宋桓公之子曰公子目夷，字子魚，其子曰公孫友，其孫則曰魚莒㉘、魚石；此之謂以王父字為氏。無字者則以名，魯孝公之子曰公子展㉙，其子曰公孫夷伯，其孫則曰展無駭、展禽；鄭穆公之子曰公子豐，其子曰公孫段，其孫則曰豐卷、豐施。」按：《通志》所舉孝公至展禽之世次，乃附會注、疏之說，杜撰而成，殊無依據，此於〈魯語〉韋注云：展禽，無駭之後；僖十五年經杜注云：夷伯，魯大夫展氏之父祖也；《唐書・宰相世系表・三上》云：魯孝公子夷伯展；又云：無駭生禽；《春秋分記・世譜・一》云「展氏：公子展（附公子譜，不詳誰公之子）孫司徒無駭（杜預：公子展孫。隱八年十二月卒）夷伯（展氏，桓父）禽（食采柳下，謚曰惠）」；人自為說，可以斷言。《通志》所

㉘ 魚莒，未聞。似當據成十五年傳改魚府。

㉙ 展為孝公子，見《正義》引《世本》。凡稱公子某者，某皆其名，杜以展為字，非也。

舉子駟、子魚、公子展、子豐四例，亦皆似是而非者。何則？大夫有功德，宜世享祀者，乃及身賜族，前已論述，非公孫之子即得氏其王父字，自立為一族之祖也。且如駟帶、駟乞，皆氏駟，則駟氏有二祖乎？抑即共奉公子騑為祖乎？若共祖騑，倘騑無功德，亦得祖之乎？此理甚難明也。再如《春秋》魯十二公，唯桓公子仲慶父後為孟孫氏（又稱仲孫氏）、叔牙後為叔孫氏、季友後為季孫氏，莊公子仲遂後為東門氏，文公子叔肹後為子叔氏，其餘九公之子，無一得族者，得族之難，可以概見。蓋大夫「無大功德，則任其興衰，不賜之族」也。此其一也。僖九年傳曰：「宋襄公即位，以公子目夷為仁，使為左師以聽政，於是宋治；故魚氏世為左師。」雖則子魚之子傳稱公孫友（見文七年），至其孫魚石、魚府始稱魚氏（並見成十五年傳），得族為魚氏始祖者實為子魚，襄公賜其以字為族也。子魚既得族，而仍稱公子目夷，其子仍稱公孫友者，蓋雖族與氏同功，亦所以別貴賤，其稱終未若公子、公孫之尊榮，故暫不稱族耳。至魯公子彄為臧孫氏祖，傳稱臧僖伯；公子益師為眾氏祖，其子稱眾仲；昭元年傳「謂圍將使豐氏撫有而室」，豐氏即公孫段；可見公子、公孫亦有稱族者。各從其志，不能一概而論。明乎此，則知駟氏，當與魚氏、豐氏相埒，始受族者為子駟、至其孫始襲用之耳。無駭始受族，則展為無駭之字，不得為公子展字也。此四例者，咸不足為公孫之子氏王父字之佐證。此其二也。杜、孔、鄭既一脈相承，積誤如此，又捨服氏古注而弗從，此傳將終無可解之日矣。

服云：公之母弟以長幼為氏。《正義》駁之曰：「案：鄭子人者，鄭厲公之弟，桓十四年『鄭伯使其弟語來盟』，即其人也；而其後為子人氏，不以仲、叔為氏，則服言公之母弟以長幼為氏，其事未必然也。杜以慶父、叔牙與莊公異母，自然仲、叔非母弟族矣。」劉文淇《春秋左氏傳舊注疏證》曰：「按：鄭子人固為厲公母弟，其命氏不稱仲、叔，或有司之失，非常典也。慶父、叔牙為莊公母弟，先儒之說皆然；以為異母，乃杜氏一人之說。……《正義》之駁服說，非也。」按：莊二十七年《公羊傳》，以三桓為莊公母弟，《史記．魯世家》因之，左氏先儒並用此說，且莊八年傳稱仲慶父，莊三十二年傳稱共仲，則仲為其字，而公子牙、公子友相承稱叔、季，於義甚得；然莊二年經「夏，公子慶父帥師伐於餘丘」句下，注、疏言慶父為莊公庶兄，雖為庶長，而以仲為字，其後子孫以字為氏，是以經書仲孫；時人以其庶長稱孟，故稱孟孫。考之《左氏》，亦若相契。真象如何，今已難明，要以東周禮法衰弛，偶有一、二例外，亦不足怪。

服又云：庶公子則以配字為氏，展氏、臧氏是也。則是以「展」為無駭之字，以「臧」為公子彄之字矣。杜〈世族譜〉曰：「公子彄，字子臧，孝公子。」㉚隱五年《正義》、《春秋分記．世譜》並從之，《通志．氏族略．三》則云：「臧氏，姬姓，魯孝公之子公子彄，食邑于臧，因以為氏。」其說晚出，臧邑亦不見經、傳，仍以名彄字臧，於義為勝。蓋「臧」即古「藏」字；《說文》：「彄，弓弩耑弦所居也。」則為弓弩耑藏弦處，亦有藏義㉛，名字相應，與古制合。

㉚《春秋釋例．卷八》。

㉛胡元玉說。見《皇清經解續編．卷千四百二十七．駮春秋名字解詁》。

傳曰「官有世功，則有官族；邑亦如之」，此眾仲陳賜族之別法，言除以字為族外，亦得以官職或食邑之名為族。杜注：「謂取其舊官、舊邑之稱以為族，皆稟之時君。」疏引服虔：「異姓，宋司城、韓、魏是也。」李貽德曰：「案：桓六年傳『宋以武公廢司空』，服云：武公名司空，廢為司城。是司城，宋司空也。子罕為司城，後以為氏；服舉以證官族。《正義》曰：宋司城自為樂氏，不以司城為族。知不然者，《春秋》有兩稱氏者，如知罃一人也，又稱荀罃；趙午一人也，又稱邯鄲午；士會一人也，傳稱范武子，〈檀弓〉又稱隨武子；如此之類者，不可枚舉，則樂氏可別為司城也。韓、魏者，桓三年傳：『韓萬御戎。』韓其食采地；閔元年傳：晉滅魏，以魏賜畢萬；其後即以韓、魏為氏，舉以證『邑亦如之』也。」[32]是也。李云以為氏，皆以為族之意，族亦可通稱為氏也。服云「異姓」者，姓實指氏，從後世通稱氏、族為姓而言也。其實樂氏始祖樂甫，宋戴公子[33]，與宋公同子姓；據《史記》，韓氏、魏氏之始祖皆與晉侯同姬姓[34]；然子罕於時不與宋公同宋氏，韓萬、畢萬於時不與晉侯同晉氏，故謂之「異姓」耳，其意在判別「以字為族」者

[32] 見《春秋左傳賈服注輯述．二》。

[33] 見程公說《春秋分記．世譜．二》。

[34] 《史記．魏世家》曰：「魏之先，畢公高之後也。畢公高與周同姓。」〈韓世家〉曰：「韓之先，與周同姓，姓姬氏。其後苗裔事晉，得封於韓原，曰韓武子。武子後三世，有韓厥。從封姓為韓氏。」言從封姓為韓氏者，蓋謂韓其舊氏，韓萬因之而不改也。

與君同氏（即《孟子》所謂「貴戚之卿」中同姓之卿），而以官、以邑為族者不與君同氏（即《孟子》所謂「異姓之卿」）。《正義》以「韓與司城非異姓」規之，李貽德以「服之異姓，當是傳寫之誤」㉟疑之，皆未達此旨也。

三、結論

綜上所述，則姓也、氏也、族也，於古則判然三事也。其初祇有姓、氏之發生，雖未必始於黃帝之時，要在原始部落互相兼併之後，其社會已由母系制度易為父系制度，一部之首長有廣大之土地，必須封建子弟分掌，乃以姓自別其部族，以氏分別其子弟。比及於周，王權甚盛矣，幅員甚廣矣，人口甚眾矣，但分天子、諸侯二級以統治，有所不足；於是天子既裂天下之土以建諸侯之國，諸侯又分所領之地以立大夫之家。與此封建制度相輔並行之宗法制度，則以天子及其宗子為第一級之大宗；天子立有德之臣子為別子，賜之姓、氏，使建王朝大夫或諸侯之第二級大宗，而為其宗主；諸侯亦立有德之臣子為別子，命之族，使建大夫之第三級大宗，而為其宗主。天子之姓氏，則稟諸前代之帝王。諸侯受封前，無論與天子同姓、異姓，受封後，仍皆因其舊姓（襄二十四年傳所謂「保姓受氏」是也）；得賜新姓者，胡公滿一人而已。大夫之為宗主者有族，族

㉟ 同㉜。

由舊氏分出，是承姓、氏之後而繼起者。據《左氏》古說，公族大夫以其字為族，然公之母弟以長幼為之，伯、仲、叔、季是也；庶公子則以配字為之，展氏、臧氏是也。其與諸侯異氏者，則以舊官、舊邑之稱為族。諸侯不得賜姓，大夫自亦因其舊姓，故眾仲但言賜族之事也。此外，大夫有由一族而衍為數族者，如魯之仲孫氏，懿伯之後為子服氏，敬仲之後為南宮氏；晉之荀氏，林父之後為中行氏，荀首之後為知氏，荀雎之後為程氏。㊱大夫似不得自立新宗，蓋亦時君所賜也。氏、族異名，然皆姓之旁枝，故散言則別，通言則合，古者大氏通稱大夫之族為氏，鮮見依制稱族者，以此。此氏族制度由草創而確立規模之大概也。姓氏之來源，則姓來自與太祖出生有關之事物；氏、族或來自始祖之字，或來自其官，或來自其邑，其類寥寥無幾；而鄭夾漈廣為推求之結果，乃得三十二類㊲。然「其所據者，乃從典午以後，經十六國南北朝之紛亂，包羅囊括，合併雜糅；而于邃古得姓之始，與春秋列國析為世族之源流，未嘗深析明曉」，顧氏棟高，早有定論矣㊳。

考古者天子封建諸侯，所以藩屏王室也。賜之姓、氏，欲其收斂親族，鞏固根本也。其所以能致此者，《白虎通・姓名》篇有云：「人所以有姓者何？所以崇恩愛，厚親親，遠禽獸，別婚姻

㊱ 本程師旨雲《春秋人譜・卷一・各國世族表》。

㊲ 見《通志・氏族略・一・世族序》。

㊳ 見《春秋大事表・十一・春秋列國姓氏表敘》。

也。故紀世別類，使生相愛、死相哀、同姓不得相娶者，皆為重人倫也。」蓋人倫明於上，小民親於下，天下可運諸掌矣。至於姓、氏之使用，《通志》亦嘗言之：「三代之前，姓氏分而為二，男子稱氏，婦人稱姓。氏所以別貴賤；貴者有氏，賤者有名無氏，今南方諸蠻，此道猶存。古之諸侯，詛辭多曰『墜命亡氏，踣其國家』❸❾，以明亡氏則與奪爵失國同，可知其為賤也。故姓可以呼為氏❹⓪，氏不可以呼為姓。姓所以別婚姻，故有同姓、異姓、庶姓（異姓之無親者）之別，氏同姓不同者❹❶，婚姻可通；姓同氏不同者，婚姻不可通。」❹❷所言之氏，皆包括族在內。所謂「男子稱氏」，第限貴族之男子也；「婦人稱姓」，無分貴賤，一概稱姓，以免同姓相嫁娶也；「貴者有氏」，雖有姓而日常不用也；「賤者有名無氏」，無氏則有姓稱姓❹❸，無姓則稱名也。

以上所言，春秋以前氏族制度之概況，去今近二千五百年矣。歷來姓、氏、族之總數，約在三千八百左右❹❹，紛雜有不能理者，謹考其初制備覽。

❸❾ 見襄十一年傳。

❹⓪ 《國語・周語》：「我姬氏，出自天黿。」

❹❶ 春秋之世，有同氏而異姓者：周之劉，姬姓也；秦之劉，則為祁姓，士會之後。周、魯之陽皆姬姓也，而楚之陽則羋姓。詳見王梓材《世本集覽・通論》。

❹❷ 同❸❼。

❹❸ 昭元年傳：「志曰：買妾不知其姓，則卜之。」

❹❹ 見明凌稚哲《萬姓統譜》。

推薦閱讀

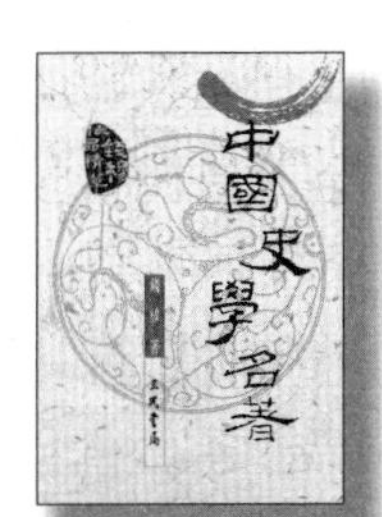

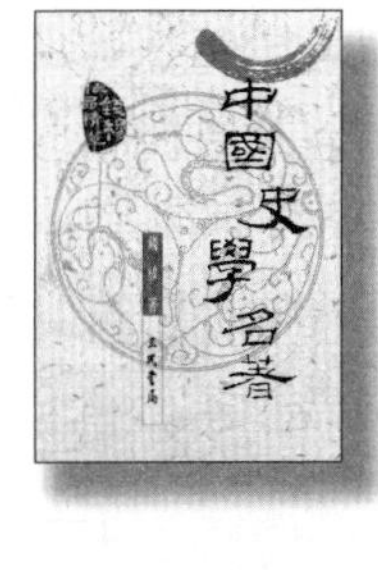

中國史學名著

錢穆／著

本書為賓四先生之講堂實錄，乃其將中國歷代史學名著，擇精語詳，加以獨到之灼見鎔鑄而成。內容包羅甚廣，有：剖析《尚書》之真偽、《春秋》之褒貶、「三傳」之異同，申論《史記》之創新體例、《漢書》之編錄原則、《後漢書》及《三國志》之剪裁考量，比較《高僧傳》、《水經注》以及《世說新語》之時代表現特性、「三通」之內容，闡發《資治通鑑》之得失、《明儒學案》及《宋元學案》之價值、《文史通義》之見解；附論古人為學之真，著史、考史、評史之不易，嘆清末民初學絕道喪等等。惟不單講述史學名著，舉凡為學之方、治史之道無不散見書中，更見其殷殷期勉之意。

西漢經學源流

王葆玹／著

本書兼用考據與西方現代哲學的研究方法，探討西漢經學的來源、流派、著述形式、分期、思想及衰變過程。就西漢禮學、春秋學和易學的一些疑難問題作了考辨和分析，提出了大量新的見解。由秦、漢的社會變革、學術政策，乃至西漢後期的宗教改革，說明經學在當時的地位與內涵；並對於經學的文獻，各派的概念、思想，以及彼此間的爭論，都有新證及新見，是一部難得、嚴謹的學術著作。

經學概述

裴普賢／著

經書是中國文化的基本，是傳承千年的智慧寶庫，然而其雄偉的規模，卻往往使初窺門徑者趑趄不前。本書中，裴普賢教授以其深厚的學養，深入淺出地介紹經學要義，並對龐雜的經傳注疏、學派流變加以分門別類，娓娓道來，使讀者能更有系統地認識經學梗概。想知道如何用《易經》卜卦嗎？想了解孔夫子如何用《春秋》教訓亂臣賊子嗎？《經學概述》定能開啟一個您未知的精采世界。

周易縱橫談（增訂二版）

黃慶萱／著

本書初版於一九九五年，為黃慶萱教授多年研究與講授《周易》學思所得的部分成果。所述從《周易》之名義、內容、大義、要籍的基礎解說，至《周易》之數象義理、時間觀、人生哲學、文學價值、易學演進等的深層探討，面向寬廣，行文則深入淺出，親切詳明，於讀者了解《周易》頗有助益。二〇〇六年並授權由廣西師範大學出版社印行簡體字版，受到大陸學者的肯定與推重。本次增訂，黃教授除訂正、改動部分舊作與補足各篇摘要外，並增加近年發表之〈「一陰一陽之謂道」析議〉、〈「形而上者謂之道，形而下者謂之器」析議〉、〈周易位觀初探〉三篇新作，內容更為完備。